全国普通高等院校系列规划教材

LIUCHENG GUANLI
SHIJIAOXIA
DE
GONGYINGLIAN
GUANLI

流程管理视角下的供应链管理

主　编　朱　昊　陈仙丽
副主编　汪遵瑛　杜海勇

湘潭大学出版社
XIANGTAN UNIVERSITY PRESS

图书在版编目(CIP)数据

流程管理视角下的供应链管理 / 朱昊, 陈仙丽主编
. -- 湘潭 : 湘潭大学出版社, 2023.7
ISBN 978-7-5687-1254-5

Ⅰ. ①流… Ⅱ. ①朱… ②陈… Ⅲ. ①供应链管理一研究 Ⅳ. ①F252.1

中国国家版本馆 CIP 数据核字 (2023) 第 180785 号

流程管理视角下的供应链管理

LIUCHENG GUANLI SHIJIAO XIA DE GONGYINGLIAN GUANLI

朱昊 陈仙丽 主编

责任编辑：丁立松
封面设计：李跃平
出版发行：湘潭大学出版社
社　　址：湖南省湘潭大学工程训练大楼
电　　话：0731-58298960 0731-58298966（传真）
邮　　编：411105
网　　址：http://press.xtu.edu.cn/
印　　刷：长沙市鑫宇印务有限公司
经　　销：湖南省新华书店
开　　本：787 mm×1092 mm 1/16
印　　张：13
字　　数：293 千字
版　　次：2023 年 7 月第 1 版
印　　次：2023 年 7 月第 1 次印刷
书　　号：ISBN 978-7-5687-1254-5
定　　价：46.00 元

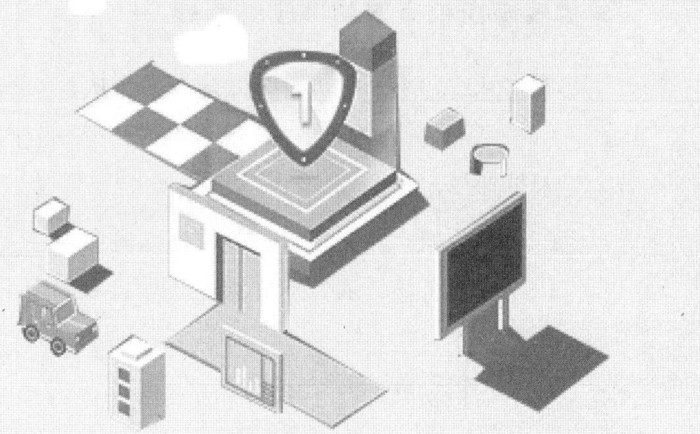

前 言

当前世界整体的供应链环境复杂多变，充满不确定性，面临着多种挑战。全球化的贸易，受到全球化经济影响，使得供应链运营管理变得更加困难。全球化同时也带来了许多新的技术，比如互联网、信息技术和物联网，改变了传统的供应链环境，使企业必须更加注重供应链的效率和服务质量。另外，当前许多国家和地区政府对环保和可持续发展要求的愈加重视，以及消费者对社会责任和可持续性的日益关注，促使生产型企业和服务型企业加大对供应链的管理和关注。

本书所撰写的角度即流程管理视角下的供应链管理是指统一的、协调的、可控的供应链管理，以确保整个供应链的有效性和可持续性，并且提升企业的整体竞争力。它包括对供应链的规划、控制和优化，以实现最佳的供应链运营效率和服务水平。它可以帮助企业创造最大的价值，有效控制供应链成本，提高运营效率，提升客户满意度，并有效地管理其供应链风险。

本书吸收并融合了诸多国内外前沿学术著作和理论观点，同时结合当今各行业供应链环节中的典型议题和关注点及相关模型和案例进行多维度剖析和解读。与此同时，编者希望通过使用通俗易懂的表述来总结和归纳出供应链环境中的企业如何解决现实运营中所遇到或所困扰的症结性问题和现象，帮助读者设身处地地理解和思考企业行为和行业发展趋势。

在内容上，本书共分成 12 个章节，主要涵盖的内容包括：导论、解读供应链、流程管理视角下的供应链管理、优化供应链、连接供应链流程、供应链计划、采购、产品和服务、交付、管理产品回流和逆向供应链、先进制造和数字供应链。本书一大重要的特点是从流程管理视角出发，借助于书中诸多供应链标准、模型和流程等内容的分析和应用，引用了国内外的一些经典的真实案例，帮助读者在阅读和学习的过程中更直观地进行系统化理解。

在形式上，本书将每章都分为五大板块：

（1）学习目标。通过言简意赅的语言把章节内容的掌握程度做了基本区分，方便读者有针对性地学习和认知。

（2）基本概念。提炼出每章的基本概念，让读者对重要概念一目了然。

（3）案例分析。通过阅读案例并针对案例中出现的问题、现象或方法基于客观角度进行思考和总结。

（4）案例实践。基于案例布置实践任务将章节内容与实践操作有机结合，相辅相成，从而构建供应链管理等相关知识的延伸及发展趋势，为读者拓宽思路。

（5）思考练习题。基于“教”与“学”一体的理念，每章都附有练习题，使读者通过自我反刍，做到融会贯通。

本书由朱昊、陈仙丽担任主编，由汪遵瑛、杜海勇担任副主编。

本书能够顺利出版需要特别感谢所有给予过建议和意见的诸多同仁，对编者采纳、整理和提炼素材的过程给予了极大帮助。由于编者能力有限，部分内容和观点可能存在错误，欢迎广大读者批评指正，提出建设性建议。

目 录
contents

第一章 导论

第二章 解读供应链

第三章　流程管理视角下的供应链管理

第四章　优化供应链

第五章　连接供应链流程

第六章 供应链计划

第七章 采购

第八章　产品和服务

第九章　交付

第十章 产品回流和逆向供应链管理

第十一章 先进制造

第十二章　数字供应链

第一章　导论

学习目标

△了解需求链与供应链的关系。

△熟悉流程管理与供应链管理的关系。

△理解供应链原则。

△掌握新供应链议程。

基本概念

需求链；供应链；供应链原则；新供应链议程

第一节　从需求链到供应链

如果想要了解供应链管理，那么我们可以试着将时针拨回到历史的长河中去一探究竟。

自从农耕经济在世界上的各个角落生根发芽以来，人们在自给自足有余的情况下，开始思考如何将田地中多余的农作物、捕捞来的不可久存的鱼虾尽快交换成自己没有但希望拥有的鸡鸭牛羊（肉）或者其他食物。因交通往来的局限性，由此产生的集市贸易只能解决近距离范围内的以物易物，因为无论是农民还是渔民都不可能远离自己的一亩三分地或者湖海河泊。反而是不占农田和不具河海资源的人为了生存，不受地域限制地尝试跨地区甚至跨国度的贸易投机行为，由此无利而不往的商人开始作为一个特殊的社会群体而出现。他们开始思考如何从这些“故步自封”的农、渔民手里收购物资，然后转卖到其他有需求的地区，最终再把农、渔民们需要的物资带回来交易。这个过程因物理距离的长短可能涉及多个中间转卖、转买环节，因为有需求就会有买卖，从需求的一端到需求的另一端再加上中间的商人群体形成了最原始的需求链。

当然，很多物资在转卖途中可能需要短暂储存、运输和再次加工以确保物资不会变质腐败，甚至实现一定意义上的增值可能。物资异地交易需要的交通工具，储存工具和加工用具随着手工、半手工、半自动、全自动等劳动方式的进步而提升，这些环节的成本自然不由中间商们来承担，而是转嫁给另一端的需求群体。所以通常所说需求链的需求终端所付出的等价物资或金属钱币（商品经济萌芽后的早期）或纸币，就其价值层面来说，已经远超需求链起点的收购价值，从而形成一个价值叠加的链条，但是需求链上的任意环节都乐意积极参与和承担费用。换言之，“需求——供应”链中每一个环节都有其他环节所不具备的能力或属性，因此存在独特的价值都在积极追逐各自层面上的“利”，后者的长期有效性将决定这条链的存在意义和方式是否需要改变。

上面说的是民间领域的需求链雏形，随着社会的发展，以官方形式存在的聚合化、规模化的需求链同样如此。由此产生的早期的陆运和漕运，其历史雏形可以追溯到如秦始皇时期建设的南北和东西走向的驰道（相当于现在的国道），以及更早期的春秋时吴国为伐齐国而开凿的邗沟，至隋朝时期大幅度扩修并贯通至都城洛阳且连接涿郡，最终在元朝翻修时弃洛阳而取直至北京的京杭大运河。

早期这些集合了庞大的人力、物力的古代陆运、漕运建设都无一例外出自军事需求，在社会逐渐趋向于稳定后转向经济目的和需求。王朝中央借由陆运和漕运可以享聚天下好物，从另一方面来说这样的需求链基建体系是封建王朝的生命支持与动力供应系统的根本和关键。以漕运为例，漕运之中围绕运河的水运，相关的漕粮调配、收缴、发送、押运、下卸、进仓储备等方面，即是原始物流体系的缩影。由这类早期陆运和漕运演化而来的古代需求链逐步随着社会发展和稳定形成一套高效便捷的定向供应链，构成了交通大动脉，方便物资往来运输，提供了劳动力就业的机会和选择，促进和繁荣了农耕经济与商品经济的流动与平衡，为沿线地区甚至整个社会的经济发展和进步做出历史意义的贡献。因此可以这样说，供应链并不是现代社会发明创造的新事物，相反它的成型与发展离不开远古社会、中古社会和近现代社会的发展和进步成果，与人们追求更高生活水平的根本动力是分不开的。

现在我们将时针拨回到 20 世纪 80 年代，在那个年代，供应链管理的基本原则开始形成。大约在同一时间，个人电脑开始进入商业领域。那个时期的商业环境加速塑造出现代供应链管理的形态，由此出现了对于供应链管理的经典定义：供应链管理是对为企业创造价值所涉及的所有人员、过程和技术的计划和协调。有效地管理供应链包括协调企业内部的所有工作和企业外部发生的事情。换句话说，这意味着把你所在组织的业务看作是一个长链上的单个环节，端到端地为客户提供价值。

“价值”这个词在人们谈论供应链管理时经常出现。基本上，价值即是金钱。如果顾客愿意为某样东西付费，那么它就有价值。价格谈判、生产进度和物流管理都影响着企业的价值方程，它们对供应链至关重要，但又因为它们是如此相互依赖，所以分开管理它们往往不是一个好方式。

随着企业规模的扩大，供应链变得更长，业务节奏变得更快，这意味着保持供应链中各种功能的一致性变得更加重要。具有讽刺意味的是，许多企业过去依赖的战略和指标，实际上会导致错误的行为。例如，一个销售代表可能通过与客户达成一笔巨额交易来完成他的指标，但该交易可能对企业来说是无利可图的，因为它将推动物流和制造成本的上升。因此，销售、物流、制造、采购和所有其他职能都需要协调一致，以确保企业始终在追求有利可图的交易。你的企业获得的钱（收入）和所花费的钱（成本）之间的差额就是利润。换句话说，利润就是你从供应链中获得的价值。

第二节 流程管理与供应链管理

从企业发展历程来看，初创企业的管理往往以领导者的个人意志和喜好为主导，此即定性管理阶段。但随着企业规模的扩大，这样的管理方式会带来决策的随意性，企业风险逐渐增大，比如投资决策失误、职权约束不力、部门主义盛行、企业间关系管理失调等。

为避免和减少上述情况的出现，企业会在不同时期改变管理方式，比如出现集体管理制度——董事会和股东大会，共同制定可以量化到细则的定量管理制度。在这其中，问责制、绩效制是最常见的定量方式和制度。

迈克尔·哈默认为："流程是把一个或多个投入转化为对顾客有价值的产出的活动。"

T.H. 达文波特认为："流程是一系列结构化的可测量的活动集合，并为特定的市场或特定的顾客产生特定的产出。"

在企业内部，如果要判断某项工作是否属于流程管理范畴，需要看两个标准：（1）是否跨岗位；（2）是否重复发生。如果全部满足，即可成为流程。

现代已经不再是曾几何时企业依靠单打独斗的孤勇即可坐拥偏隅的时代；相反，现代化企业比以往任何时候都更需要"群居"，后者可以赋予合作、互利、共赢和风险分担等一系列优势。

企业内部管理的成效将极大程度影响与外部合作企业的业绩。换而言之，你所处的企业如果希望长时间群居于某条价值链之中，需要尽快找出解决以下问题的办法：

（1）如何在最短时间内减少冗余？

（2）如何在最短时间内形成内部凝聚力？

（3）如何在最短时间内解决成本优化问题？

（4）如何在最短时间内提升运营效率？

（5）如何在最短时间内适应外部（新）环境？

经过一段时间的尝试，你会发现以上问题的解决办法最终都会汇聚到流程管理的方向上来，通过流程管理来为企业形成具有竞争优势的有形资产，流程管理的重点应该放在提高业务产出以及使业务产生价值的方向上。

将价值作为重点，思考如何应用与实践，需要首先了解企业的预期战略目标、业务目标、价值驱动因素等。以价值为导向的流程管理须采用定量评估方法，便于在高管进行调查和评估时给予支持和分析。在这里需要注意一点，即不是所有的效益都可以被量化，因此定性研究的方法可以用来辅助评估流程的成熟度和改进过程中所得的定性效益。

在将流程管理其本身升华到价值导向层面时就比较容易发现，无论是财务、会计、市场、销售、采购、物流或其他部门，其思维方式必须改变，或者说每个人和部门都必须懂得自身的角色和责任，清楚产出是什么，规定每项工作的运行方式，将底层基础设施——内容、数据、工具、应用、政策原则等一一落实到位。为了使组织取得长久性成功，领导团队需要处理以上所有问题。

埃森哲公司曾经为流程管理制定了一套参考模型。

（1）流程管理的操作：反映了一种高水平的管理流程，与现代企业业绩管理相似。它的视角即组织领导者的视角。在价值导向型流程管理中，实施业务改进的系统性方法是重中之重。作为流程管理的指挥中心，在它背后有三座勤务塔提供支撑，分别是：流程管理的方法和工具、流程管理的交付、流程管理的变革。

（2）流程管理的方法和工具：这些方法和工具包括流程存储库、建模工具、六西格玛、战略管理、精益生产和全面质量管理等。

（3）流程管理的交付：流程战略、分析、设计、实施、执行和监控的交付方式。

（4）流程管理的变革：包括文化变革和项目管理方法。这些将是企业进行持续性变革的基础，它不仅出现在企业核心管理部门或职位，更应当延伸到各个部门和员工，形成一种自上而下的共识和认知。

（5）流程管理的支持体系：为了支持企业实施流程管理，企业的其他部门（包括但不仅限于财务、人力资源、信息服务等）都应发挥作用，积极参与并做出相应调整。

由上可知，企业在实施流程管理的过程中需要投入庞大且全面的人力、物力、技术和时间，直至所管理对象和内容的“价值”接近或符合预期。

本书将以此为契机，展开分析供应链管理的各个局部，贯穿以流程管理的视角和方法，探究供应链管理在为企业创造价值的过程中是如何发挥作用、运用方法和实现飞跃。

第三节 供应链原则

为了方便理解供应链管理，本书将其总结成 10 条原则，具体如下。

一、客户关注

在供应链管理中，首先要了解你的客户是谁以及他们为什么购买你的产品或服务。任何时候客户购买你的东西，他们不仅是在解决一个问题，更是满足一种需求。供应链的管理者必须了解客户的问题或需求，并确保他们的企业比任何竞争对手都能更好、更快、更节省地满足客户的需求。

二、系统思维

供应链管理需要对端到端系统的理解。人、流程和技术的结合具备协同性，如此状态下的协同工作才能使企业提供可靠的产品或服务。系统思维还包括对供应链中发生的一系列因果关系的理解，因为其复杂性，供应链经常以不可预测的方式运行并做出适当局部和全局性的调整，即使是某一部分的微小变化也可能会对供应链中的其他环节和地方产生重大影响。

三、颠覆式创新

商业世界几乎每时每刻都在变化，供应链需要通过创新来跟上变化。具体来说，供应链需要持续的流程改进、持续的创新，以跟上竞争对手的步伐。精益、六西格玛和约束理论（详见第四章）是有助于完成这项任务的流程改进方法。然而，仅仅关注持续的流程改进是不够的，因为不断会出现新技术来尝试颠覆行业的传统思维和运作方式，这种效应被称为颠覆式创新。当针对客户需求的新解决方案出现并被接受时，该解决方案就成为新的主导范式。换句话说，如果企业正在生产手机，就需要弄清楚如何让手机比你的竞争对手做得更好、更快、更节省；同时，你还需要弄清楚新的主导范式将是什么，这样当手机被一种不同的技术和产品取代时，你就会在第一时间知道你需要做什么。

四、合作

供应链管理不能在意识中抽象地完成，任何愿意与其他企业合作的组织都需要统筹内部资源并在此基础上与外部的供应商和客户合作。一种不可忽视的现象是人们倾向于关注短期机会，而忽略了长期性的结果。从长远来看，这实际上花费了更多的投入或成本，因为短期合作容易造成供应链中参与者之间缺乏信任和互不妥协，简单的直接结果就是频繁更换合作对象。去除各类直接和间接成本上的消耗不说，时间成本更是在无形间被不断吞噬。

对每个供应链参与者来说，一个相互信任、为共享成功而合作的环境远比只关心自身成功的环境要有利可图得多。如果你相信你所在的供应链在未来会有更多的商业利益可供驱使，并且有一个特定且稳定的客户群体愿意为你的产品和服务买单，那么这条供应链上的合作性质即是有利可图又是稳定且长期的。此外，如之前提到的，“群居”是供应链管理的常态性生态特征，无论你所在的组织愿意与否，合作在供应链管理中是一种必然。与其频繁地打碎合作又重新拼接，不如在一开始就系统性从战略角度出发选择可以信任的合作伙伴，开始一段互利共赢的合作旅程。

五、灵活性

灵活性是对供应链是否适应快速变化的一种衡量标准，例如销售的增加与减少或供应中断。这种灵活性在供应链中通常以额外产能、多种供应来源或运输方式的切换等形式出现。通常，灵活性的形成需要成本投入，但这种投入是必需的、有回报的，关键是要理解投入在灵活性上的成本何时会成为一项好的投资。

假设世界上只有两家企业生产部件 A，你每个月需要购买 1 000 个部件 A。如果你从一家供应商那里购买所有需要的部件，你可能会得到一个更好的价格，这将降低你的采购成本。但如果这家供应商遭遇水灾、火灾或破产，一时无法生产零部件，那麻烦就来了。你即使可以因大额购买而省下一笔采购费用，但如果供应商停摆，你就会即刻陷入困境。

如果你以更高的价格从另一家供应商那里也购买了一小批同样的部件 A，那么即使第一家供应商停止生产这些配件，你也不会受到如此大的伤害。换句话说，拥有的第二个供应商提供了灵活性。我们可以把支付给第二个供应商的额外（偏高）费用看作一种保险行为，你提前支付了更多的保险金，但作为回报，你增加了供应链的灵活性。

六、技术

移动端实体产品和信息处理的技术迅速发展，已经改变了供应链的运作方式。如今，我们可以在移动端海选供应商、在线谈判、在线订购产品、数字（甚至虚拟货币）支付，并期待实时物流信息更新，直到订单交付、验收和入库完成。供应链管理需要理解技术是如何工作的，以及如何使用它们在供应链的每个步骤中创造价值。

另一方面，无人技术在各个领域快速发展，无人拣货、无人仓储、无人码头等在国内外迅速普及和应用。信息化时代的变革意味着传统思维和运作方式的落伍，每个组织都需要从更加务实的角度出发加快研发和投入或者租赁与购买新技术，以期获得最新、最便捷的技术来辅助日常运营和供应链管理。

再说元宇宙，这个源于 1992 年尼尔・斯蒂芬森的小说《雪崩》中的概念，发展至今，已经吸纳了包括信息革命（5G/6G）、互联网革命（Web3.0）、人工智能革命等诸多虚拟现实技术革命的成果，展现出了构建与传统物理世界平行的全息数字世界的可能性。

在制造业，元宇宙当前可行的应用示例包括使用 3D 原型提高产品设计的灵活性，通过虚拟工厂管理生产线，以及在虚拟式生产线上培训新员工。以元宇宙技术为切入点的供应链管理生态环境将因其颠覆性地从商品设计、采购、制造到仓库管理而全面加速提高整个供应链的管理效率。

七、全球视角

即时共享信息和在世界各地廉价地运输产品的能力意味着如今的企业几乎都在一个全球市场中运作。无论你所在的企业提供什么样的产品或服务，作为一名供应链上的成员，你必须认识到你的企业如何依赖全球因素来投入供应和驱动产出的需求。你还需要从全球角度看待竞争，毕竟，企业真正的竞争威胁可能已经从本土企业变成来自地球另一端的一个强劲对手。

八、风险管理

当你将高性能要求与复杂的技术以及对全球客户和供应商的依赖结合在一起时，就会很容易地发现，因为有太多变量，很多环节或细节都可能出错；即使是一个偶然性事件带来的干扰，比如发货延迟，也会导致供应链下游的一系列问题——缺货、工厂关闭和被客户索赔。

供应链管理意味着企业可以意识到已知或未知的内外部风险并对应地采取措施和管理流程用来检测和降低威胁。简而言之，稳定是使供应链顺利运作的一个极重要的关键，但风险管理则是避免或最大限度地降低应对意外成本的关键。如果做得好，风险管理可以在面临不确定性时提供获得价值的机会。

九、可视化

企业在实际运作管理中可能遇到数不胜数的不确定性和层出不穷的意外事件，所以供应链管理需要将可见性作为一项优先事项，了解实时（或接近实时）发生的事情可以让企业更快地做出更好的决定。然而，可见性是有代价的：企业必须以一种能够捕获流程中关键步骤和数据的方式来构建供应链。可见性的价值在于，它让你基于事实而不是直觉或不确定性做出预测和决定。对供应和需求有更好的可见性可以让企业优化整个供应链的库存数量。

十、价值创造

供应链管理的关键是在正确的地点、正确的时间、正确的质量水平，以最低的成本去满足客户的需求，从而创造价值。这个价值是供应链管理的核心。如果要选择一个最终原则来描述供应链管理的整个过程，那就是价值创造。

第四节 新供应链议程

鲁本·斯隆、保罗·狄特曼和约翰·曼策在《新供应链议程》(哈佛商业评论出版社，2010)中提到了“新供应链议程”。它分解了供应链管理的挑战，讨论了营运资本和流动性、战略和协调，并在此基础上提出了一个“五步系统”，使企业在供应链管理方面做得更好。

一、把合适的人安排在合适的岗位上

实施供应链管理，需要了解你的工作如何影响企业内部的各部门和人员以及供应链中的所有参与者。如果人们不了解他们所做的工作的真正影响，即意味着是时候需要开始学习，以便更好地完成他们的工作，其中学习曲线可以很好地帮助检测学习的成果和预期的差距以及产出效益。如果一个人或部门不能学习或不想学习，他或她甚至整个部门就不是这项工作的合适人选和业务单位。让正确的人从事正确的工作是实施有效的供应链战略的第一步。

二、使用正确的技术

供应链依赖于技术。技术可能是一些简单的东西，例如带有每日更新功能的便签白板；也可能是一些复杂的东西，如企业资源规划系统。每个业务以及业务中的每个功能都有不同的技术需求。新供应链议程的第二步是弄清楚技术如何使你的供应链创造和获取价值，然后在正确的时间实施正确的技术。对于供应链中的不同角色，不用苛求普遍采用高昂价格投入下的某项技术硬件或软件。但是有一点是肯定的，既然是在同一条供应链上协作发展，采用一套标准的、共通的、向下兼容的规划或通信或网络防护技术系统是彼此长久合作和顺畅合作的基础，这可能在进行供应商筛选和供应链规划的初级阶段就需要摆上议事日程。

三、关注内部协作

当你在查看企业的组织结构图时，很容易看到传统的业务结构是如何在企业内部形成金字塔或扁平化结构的，各部门为争夺有限的资源而互相竞争，常常朝着相互冲突的目标而工作。从供应链的角度进行管理，可以帮助去除阻碍企业内部各部门有效合作机制的因素。通过将关注点从各个部门的绩效转移到企业供应链的绩效上，每个部门为了自己的成功变得更加依赖其他部门，如销售团队需要与运营团队合作，物流团队需要与采购团队合作。每个部门和团队都需要了解企业的战略，并朝着支持该战略的共同目标努力。

四、指导外部协作

传统的业务关系是交易型的，通常以自我为中心。采购方和供应商对待每一笔交易都是一场输赢的博弈：供应商试图扩大他们的利润空间，而采购方则试图在价格上进行打压。从长远来看，这种方法会损害双方关系，因为它破坏了既有价值，而不是创造价值。为了建立可持续的供应链关系，每个合作伙伴都需要寻找机会为关系贡献价值。作为对他们贡献的回报，采购方和供应商可以共同开发一套可持续的合作方式来共享价值，其目标是让供应链上的每一个合作伙伴都能长期取得成功，并使总价值最大化。这种方式与交易型的方式非常不同，后者中的每一方都试图从每笔交易中榨取每一分钱，即使这意味着从长远来看会造成伤害。

五、应用项目管理

供应链是动态的，企业通过项目来应对变化，因此新供应链议程的最后一步是实施强大的项目管理能力。指导团队成员如何管理好项目，让专业的项目经理参与进来，是确保供应链随着客户、供应商和企业的变化而发展的关键。

案例分析

荷兰东印度企业的贸易之路

1. 荷兰东印度企业的历史和地理背景

早在 15 世纪，荷兰共和国（正式名称为尼德兰七省联合共和国）作为一个贸易国家在大宗产品贸易方面占据了重要地位。受益于在物流领域的创新，如荷兰设计和建造的相对便宜的“长笛”号船能够运输大量货物，荷兰人主导了来自波罗的海国家的谷物和木材等大宗货物的贸易。

16 世纪，葡萄牙人探索出了通往东方的海上航线。葡萄牙最初控制着辣椒的供应，随后由欧洲贸易企业组成的财团在阿姆斯特丹进行交易。不幸的是，由于海盗、运输问题和其他各种能力短缺，葡萄牙人逐渐无法保证辣椒的供应，所以荷兰人决定自己来接管供应。当时还相对独立的几个荷兰城市各自派出了自己的舰队去完成任务，所幸最终倒也都能顺利完成。

在认识到集中财政和海上资源可能有助于更好地抵御海盗的威胁后，时任共和国秘书长的约翰·范·奥尔德巴内维尔德设法将阿姆斯特丹、米德尔堡、鹿特丹、代尔夫特、霍恩和恩克惠仁等城市联合起来，在 1602 年成立了荷兰东印度公司 (Verenigde Oost-Indische Compagnie，简称 VOC)。在一开始，VOC 的管理是在一个名为 Heeren XVII 的执行机构手中，它代表着六个组成城市的商会。后来，西印度公司 (WIC) 的成立以同样的方式组织了与非洲和美洲部分地区的贸易。

顶着所谓的丰富贸易的名义，贸易逐渐向亚洲、非洲和美洲等海外地区不断扩张，一些如辣椒、糖，特别是香料等产生的利润比大宗贸易也大得多，这些都为成就一个发达的造船业提供了基础。

在 17 世纪中期，人们对奢侈品的需求迅速增长。那时大宗贸易的价值达到 300 万荷兰盾，而富裕贸易（奢侈品）的价值已经达到 2 000 万荷兰盾。有趣的是，荷兰人很快就发现，通过战略性储备来操纵市场可能会带来可观的额外利润。欧洲正在形成一种市场等级制度，通过库存或“主要”市场实现供求平衡，商人们通过动态的库存政策稳定价格。操纵市场成为一种既定的商业行为。正是这种丰富的贸易，最终奠定了 17 世纪荷兰共和国的财富基础，也奠定了阿姆斯特丹作为世界金融中心的地位，同时推动了艺术和科学的发展。

VOC 和 WIC 通过在世界各地建立贸易据点，成为阿姆斯特丹和欧洲中心米德堡复杂供应链的一部分。在 17 世纪，VOC 在亚洲有 20 个定居点，11 000 名员工，而在荷兰直接雇佣的员工有 3 000 人，此外还有数千人是通过供应商间接雇佣的。因此，它通常被视为有史以来第一家跨国企业。接下来，我们将专注于 VOC 建立的物流网络。

2. VOC 东方物流网络的中心——巴达维亚

VOC 成立的主要原因是希望为荷兰建立一个安全的胡椒和香料供应渠道，这些香料主要产地在印尼群岛（也称香料群岛）上。尤其是最终成为亚洲贸易中心的贾亚克塔，后来被命名为巴达维亚（现在被称为雅加达）。正因如此，贾亚克塔成为 VOC 的总部，负责协调所有活动。

荷兰人早期在亚洲的活动重点是香料群岛，但从纯航海的角度来看，这个地点是不切实际的。由于季风周期，香料群岛一年只有 6 个月可以通行，而返航只能在一年的另一半时间进行。在 17 世纪早期，出现了对仓库的需求，即一个储存货物的地方，因此在班塔姆(西北爪哇）的一个船厂和部分建筑被允许建造起来作为仓库，以便重新装载到其他船只上。

然而，问题是班塔姆收取的进出口税很高，有同样物流优势但独立于地方当局的贾亚克塔显然更合适。最终，贾亚克塔被选为行政和物流中心。拥有“千岛”的贾亚克塔湾非常适合造船和维修。1619年，贾亚克塔改名为巴达维亚。1620年之后，它成为VOC的物流总部。从那时起，所有与行政和物流有关的重大决定都在那里作出。当荷兰的董事们决定所有的返航都应该经过巴达维亚之后，VOC巴达维亚对亚洲航运网络的控制变得更加强大。

最初，一些返航船仍然从科罗曼德尔海岸、苏拉特或波斯直接驶回欧洲。出于安全原因，最终被荷兰的VOC所禁止，这一集中政策因可以加强巴达维亚的物流核心中心作用而受到欢迎。巴达维亚的管理人员基本上必须遵守他们从荷兰收到的关于返程货物的指示，不过，巴达维亚在一定程度上能够通过执行返航来影响政策。

为了清楚理解同步欧亚和亚洲内部贸易网络的困难程度，我们先了解一下当时主要的航行时间表。船只通常在两个主要时期离开荷兰共和国：圣诞节和复活节，并在6月至10月之间抵达巴达维亚。返航的出发日期是由荷兰共和国的VOC规定的，并基于舰队在欧洲秋季开始之前或开始时返回欧洲的愿望。由于秋季频发的风暴和北方冬天海水容易结冰的情况，任何晚到的货物都将妨碍VOC货物的销售。毫无疑问，这给VOC在亚洲的业务带来了麻烦。为了按时到达，舰队必须在年初离开亚洲，这意味着来自东亚其他地区的所有补给也必须及时到达。一个复杂的情况是，从稳定性和安全性考量，荷兰船只的特殊设计需要额外的优质产品压舱物，这也成了影响VOC物流的重要因素。因此，亚洲贸易范围内的商人们一直在寻找可以用作压舱物的合适商品，特别是寻找可以增加利润而不是成为支出成本的压舱物。压舱物的选择对船舶的高效装载起着重要作用，从而使有价值产品的载货能力得到最佳利用。最赚钱的压舱物似乎在当时被认为是来自中国台湾的糖和来自日本的铜，但来自该地区的船只很难及时抵达巴达维亚，因为它们通常只能在9月之后才从远东起航。

该问题的解决办法之一是将早期抵达的返航船送往中国台湾甚至日本，自行收集返航的压舱物。他们可以在船上保留一部分专门运往日本的欧洲货物，并可以补充巴达维亚的库存的胡椒、檀香木以及波斯的丝绸等产品，由其他VOC船只运到巴达维亚，也可以通过位于日本德西玛岛的荷兰贸易站进行交易。这些船只只需加满油，就可以在11月至12月间载着大部分欧洲货物返回巴达维亚。对于来自东部地区的重要香料来说，运输的时机不那么重要，这些香料的供应是有保证的，采购成本也很低，这两方面都使VOC可以保持多余的库存，而不会带来财政负担。VOC通过充分利用他们的船只，在3月西部季风结束时派遣出海，这样就可以在4月季风变化时返回。

由于当时日本政府设定的严格贸易日期和季风条件，在中国台湾地区组装的中国产品不得不在短时间内运往日本。随后，从日本返回的货物必须尽快与中国的货物一起运往巴达维亚，以便使船队返航。

在中东地区，到达波斯的船只可以在5月左右直接返航到巴达维亚，但他们通常会经过锡兰的加勒，为传统上从该地区运来的马匹做中途停留。然而，VOC 也必须负责及时运输波斯丝绸到巴达维亚以便及时运往远东或随返航舰队返回的工作。

总之，尽管有着各种各样的复杂因素需要去权衡，VOC 在优化其到达和离开欧洲的船队的运输方面展示了卓越的物流组织能力。通过灵活使用商船舰队，他们能够尽可能协调和同步欧亚和亚洲内部贸易网络的需要。

在 18 世纪，随着远洋商业贸易开始走下坡路，荷兰的海上霸主地位基本被英国夺走。在第四次英荷战争后的 1799 年，VOC 的最终关闭成为必然的结局。

案例思考：从供应链角度思考东印度企业的贸易版图得以形成的原因，以及这对于之后的全球供应链的构建有什么借鉴意义。

案例实践

海能达（HTY）

· 海能达（HYT）成立于 1993 年，是中国最大的专业双向收音机供应商，在这一利基市场中处于全球行业领导者行列。

· HYT 集群系统覆盖全国 20 个省市。

· 由没有技术背景或高中学历的年轻企业家创立。双向无线电业务从经销商开始，持续到生产，并于 2000 年推出自有品牌。

· 自成立以来，HYT 已发展成为无线通信和系统工程的主要开发商、生产商、制造商和营销商，2006 年销售额约为 5 000 万美元。

1. 研发 / 设计

· 2004 年，HYT 在中国深圳总部成立了专业双向无线电技术研发中心。

· 其研发中心是中国最大的专业双向无线电技术研发中心。

· 通过采用“开放系统”标准，在研发领域具有国际竞争力。

· 在中国有经验丰富的工程师，他们在跨国公司工作过，可以快速发展临界质量；大约有 400 名工程师在开发新产品。

2. 生产 / 供应管理

· 从不起眼的起点开始快速发展，遵循典型的中国高科技企业发展路径：贸易 > 中国国内市场 > 生产 > 研发 > 品牌开发 > 国际化。

· 利用其代工服务模式参与国际市场。

· 从东莞珠三角采购零部件，1~2 h 内交货。

· 本地供应商能够及时补充和低库存：1 天的组件；4 h 包装。

3. 销售 / 服务

· 公司的分销渠道非常强大，经销商约有 250 家。

· 销售办事处 / 代理商，这是许多本土公司的典型竞争优势。

· 手机和模拟集群系统是中国警察部队的首选系统。

· 公司对新产品有良好的市场反馈系统，售后服务反馈到新产品开发（NPD）的早期阶段。许多产品都是针对利基市场需求量身定制的，比如采矿。

4. 当前问题

· 随着电信市场变得越来越饱和，华为 (Huawei) 和中兴 (ZTE) 等中国手机巨头可能会在双向无线电等利基市场开发自己的技术。这将在生产和技术上给 HYT 带来重大挑战。

· HYT 正在考虑将品牌自有业务（研发）和合同制造服务业务（生产）分离，以避免与竞争对手和潜在客户的利益冲突。这将为品牌发展提供更大的灵活性，但也会吸引更多的原始设备制造商（OEM）竞争对手品牌利用现有的生产资源。

· 技术突破正变得越来越关键和困难，全球主要参与者正在制定自己的标准，并限制技术转让。HYT 将快速跟随战略作为生存能力。

尝试和你的团队成员一起进行如下实践活动：

针对当时 HYT 的发展现状以及行业竞争中所面临的局面，结合本章知识点，为其“当前问题”中列出的解决方法着手制定一份供应链风险评估报告。

思考练习题

1. 名词解释

①供应链管理

②流程管理

③供应链原则

2. 选择题

①企业如果要判断某项工作是否属于流程管理范畴，应该依据的标准是（　　）

A. 是否属于部门内工作　　B. 是否跨岗位

C. 是否重复发生　　D. 是否带来利润

②流程管理的交付内容包括（　　）

A. 战略　　B. 分析

C. 实施　　D. 执行

③以下不属于供应链原则的是（　　）

A. 灵活性　　B. 客户关注

C. 供应商绩效　　D. 市场份额

④新供应链议程的内容包括（　　）

A. 使用正确的技术　　B. 把合适的人安排在合适的岗位

C. 关注内部协作　　D. 注重供应商关系

3. 论述题

①在运用流程管理的思维去思考供应链管理时，企业在减少冗余和成本管理上有哪些可以发挥的空间和办法?

②针对供应链原则中的“价值创造”原则，举例说明在具体推进过程中可以创造哪些价值?

③从供应链管理的角度思考企业在促进内部协作方面，可以进行哪些尝试和努力?

第二章 解读供应链

学习目标

△了解供应链目标排序。

△熟悉成本动因。

△理解供应链优先级。

△掌握供应链管理中的冲突与权衡。

基本概念

供应链目标；成本动因；销售和运营计划；供应链冲突与权衡

第一节 供应链目标排序

当你想购买新手机时，你的最大心愿是什么？是买一台最新推出的5G折叠手机，一台双卡双待的5G手机，一台心仪已久、随着新品推出而即将大幅降价的上一代手机？还是买一台和现在一模一样的新手机？

在做出选择的过程中，你优先考虑什么？

（1）价格；

（2）性能；

（3）外观；

（4）品牌。

不管前后顺序是怎样的或者有新的、别的考虑因素和顺序加入其中，这些最终将决定你的购买优先级。那么对于这些手机制造商来说，他们是不是也会有这样的优先排序？对于他们而言，这样做的原因是什么呢？

下面我们尝试从供应链角度来理解这些问题。

一、第一步：了解客户的价值

要对供应链中的优先事项做出正确的决定，就要从你的客户开始。因为供应链的目的是向客户交付价值，所以设计和管理供应链的第一步是准确了解客户的价值。例如，他们可能喜欢有大量的产品可供选择，或者他们可能更喜欢以较低的价格拥有少量的选择，或者他们可能会重视产品的可获得性，或者他们可能更喜欢产品在他们选择的时间送货上门。

每一个选择都为供应链创造了不同的要求，虽然它们可能是相互矛盾的，但通常有助于选择一个特定的客户、一个关键客户，并关注他们的特定偏好。

为了更好地帮助企业确定客户最看重的是什么，我们可以使用质量功能设计（QFD）或质量屋（HOQ）来进行分析。图 2-1 展示了一个 HOQ 的例子，它看起来像个有屋顶的屋子。要建立一个 HOQ，首先你要与客户面谈，以确定他们最看重哪些特征或功能。然后，你将这些功能与你的设计相匹配，以确保你专注于交付真正满足客户需求的产品和服务。

另一种确定客户偏好的常用技术称为 A-B 测试。为了进行 A-B 测试，你可以让你的客户在两个选项中做出选择：选项 A 和选项 B。网上购物网站经常使用 A-B 测试来看看哪些产品或广告最吸引客户，也可以用于面对面的实验。

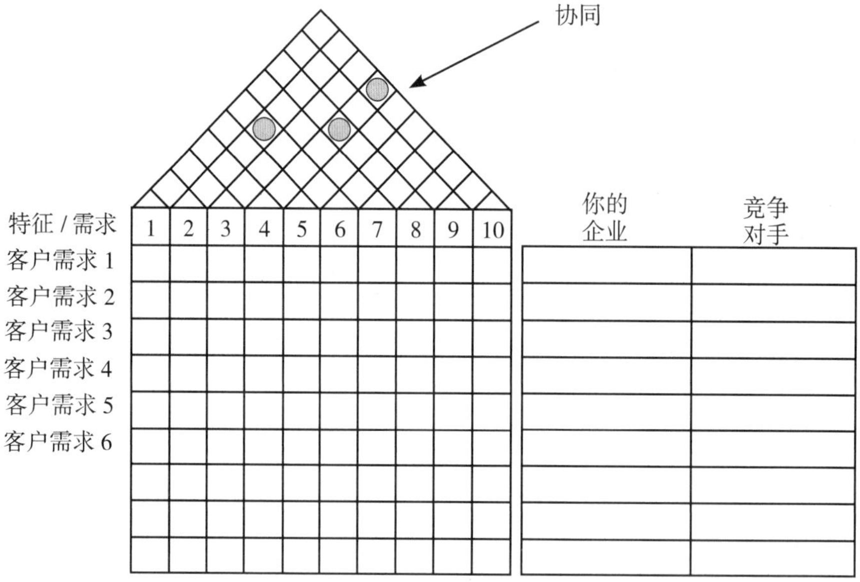

图 2-1　质量屋 (HOQ) 示例

二、第二步：认识竞争对手

在电子商务时代，许多传统零售型企业已经充分意识到他们最有力的竞争对手并不是另一家实体店，而是电商网站，如淘宝、天猫、京东、拼多多、亚马逊和抖音等，更快、更便宜、选择更多、返利优惠、退货无忧等都是传统零售业无法比拟的优势。

再如，当面对层出不穷的电商购物节，面对配送效率进展神速的菜鸟和顺丰们，为了把产品和服务更快速地推广到市场，形成拉动式供应链的良性局面，越来越多的企业尝试加入电商，运用电商平台的无可比拟的吸引力和购买力，把传统零售的思路打破，从根本上融入时代变革的潮流和趋势中。既然打不过，那就加入他们。从此刻开始，企业的供应链可能已经在不经意之间做出了改变，从供应链的末端开始，倒逼供应链上的合作伙伴们思考变通的方式。事实上，许多知名品牌都已陆续在电商平台开设旗舰店，并在内部设立电商供应链部门，以应对日趋激烈的线上销售（售前，售中和售后）压力。

我们把思路先拉回来，从思考解决办法开始。哈佛商学院的克莱顿·克里斯滕森博士把这种将你的产品与客户的问题相匹配的方法称为“待完成工作理论”。想想你的产品或服务能为你的客户做什么工作，以及其他什么产品或服务可以更好、更快或更节省地完成同样的工作。这些替代产品（或服务）是你的产品真正的竞争对手，你需要设计和管理你的供应链，这样你的产品就可以比你的竞争对手做得更好。

三、第三步：了解你的产品或服务

企业需要充分了解自己的产品或服务的特征。说明这一步骤最简单的方法是展示不同种类的产品如何实现不同的目标，以向客户交付最大的价值。

表 2-1 描述了部分不同种类产品的供应链优先级。这些例子肯定不是各行业所有供应链的完整列表，但它们可以表明普通商品供应链的优先级与奢侈品供应链的优先级有何不同。

表 2-1　供应链优先级示例

产品种类	供应链优先级
普通商品	价格低廉，供货方便，最低质量标准
奢侈品	高品质，独特
时尚品	吞吐量快，库存少，品种多
耐用品	平衡运输 / 库存成本和客户需求
技术	速度、灵活性、安全性

1. 普通商品

普通商品是容易找到和容易替代的东西，常见的商品如粮食作物、日常用品等。因为从一个供应商采购商品到从另一个供应商采购相同商品都是容易和常见的，所以大多数企业在他们能以最低的价格得到他们所需商品的地方采购。个人消费者更是如此。因此，普通商品供应链需要高可用性，满足最低质量标准，并且价格便宜。

2. 奢侈品

高档汽车和珠宝等奢侈品都注重质量和种类多样性。客户在购买奢侈品时，想要的是尺寸和颜色等都合适，而不希望与别人都买一样的东西。此外，确保奢侈品没有缺陷和损坏也是必不可少的。高档汽车的生产商一般不会大规模量产某款高档型号的汽车，从工艺和产能角度来看，这可能是一个理由。但更重要的是，客户看中的是产品的稀缺性和低获得性，即使代价是订购费用高昂甚至需要全额预付款或者交期漫长，也难以保证可以随时随地能够购买到产品。这类产品的供应链需要做到的是确保所有生产用料的高规格质量等级，功能多样性与客户定制要求完美结合；此外，与众不同的外观和内饰也是供应链独特性的加分项。

3. 时尚品

时尚品顾名思义，特别注重时效性，昨天的产品即是过时的产品。在这个领域，服装、鞋和包等行业的供应链参与者会面临庞大的库存压力，这与时尚品的时间敏感特性是分不开的。

因为款式变化很快，时尚品供应链需要将创意转化为产品，并在产品成为过时品之前将它们卖给客户。对时尚品行业来说，既要保证销量又要低库存是个伪命题。保持适当的库存是一种难以到达的微妙平衡。原因很简单，如果没有库存，企业就无法保证销量；但是，如果一件商品在库存中放置太久，它随时可能会过时。时尚品供应链需要注重速度和灵活性。这也可以解释时尚品的供应链参与者每天都在和时间赛跑，这个时间是由市场决定的。

4. 耐用品

耐用品，如家用电器、家具等，它们可能非常笨重、体型庞大，购置费用也不低廉，所以当它们处于库存状态时就会消耗大量资本。而且，制造耐用品耗时较长，客户也不愿意长时间等待——如果你的冰箱坏了，你会希望马上有一个新的。

耐用品在定价上也面临着激烈的竞争，运输大而重的物品运费也会变得昂贵。这部分费用不会凭空消失，最终一般都由客户埋单（包含在售价中）。耐用品的供应链需要在将库存保持在接近客户需求的成本与产品的运输成本之间进行平衡。

5. 技术

计算机、5G 手机、3D 打印、无线穿戴设备等科技性产品的价格一般非常昂贵，淘汰率也很高。在这类产品的供应链中，供应商与制造商对于技术变革和创新性要求非常高。又如芯片制造、光刻技术，行业的参与者一般具备了极高的准入门槛，供应商的技术成熟程度和制造商量产的稳定性是决定产品或服务是否会受市场追捧的标准。科技产品的供应链需要具备快速性、灵活性和安全性。

第二节 成本动因

大多数供应链经理都要花费大量时间寻找降低成本的方法，但供应链面临的一大挑战是，事物往往是相互关联的，所以在一个领域做出改变以降低成本，可能会导致其他领域的改变，从而在最终又增加了成本。这并不是说企业不应该寻找节省成本的机会，而是说企业需要了解系统是如何工作的，以确保在这个过程中不会产生新的问题。在任何供应链中，驱动大部分成本的基本要素来自四个决策领域。

一、采购成本

对于任何供应链来说，最明显的成本之一就是为提供给客户市场的产品或服务支付的采购成本。降低采购成本的常见方法有：与供应商协商更好的价格，同意在较长一段时间内购买更多的数量，或转向同意接受较低价格的供应商。另外，从管理供应商关系的角度来看，首先必须找到合适的供应商，其次是与之签署受法律约束且不含歧义条款和内容的合同，再次是跟踪供应商的表现并确保供应商得到支付款项。当然，采购成本也包括采购团队的工资和日常开销以及他们使用的信息系统的费用。减少供应商数量和简化采购流程通常可以降低采购成本。

二、运输成本

把产品从一个地方运到另一个地方，选择不同的运输方式会形成有极大差异的成本构成方案。每种运输方式有不同的运输效率，这和运输成本的高低成比例关系。例如，一种更快、更昂贵的运输方式可能会减少你在运输途中的库存，从而为企业省钱。在供应链中使用多式联运来运输单一产品也是很常见的。使用多式联运指从一种运输方式转换到另一种运输方式，这么做可以优化运输成本。另一种降低运输成本的常见方法是在每批货物中装入更多的产品，从而提高运力周转率。选择一种较慢速的运输方式可能会降低运输成本，但会增加库存，消耗营运资金。一般来说，运输方式从最便宜到最昂贵的，顺序是这样的：管道运输、海运、整箱、零担和包裹运输。

三、存货成本

保有产品库存是要花钱的，如果企业选择从银行借钱来支付存货（这是经常发生的情况），存货成本即是支付给银行的利率。其他成本包括支付仓库（无论是自建或租赁）的费用以全面保证库存的安全，以及仓储工作人员的工资。此外，企业还需要承担产品丢失、损坏或被盗的潜在风险。这个问题，通常称为损耗，也会给你的企业带来额外成本。最后，如果产品在仓库里存放太久，即周转率较低时，就会面临难以计数的过期或过时成本。

四、质量成本

任何时候企业采购的产品或服务都必须满足达到一定的质量水平和服务水平这一要求。在这种情况下，企业对于质量的要求随产品或组件的价值高低而不同，需要配套有正式的检查和验收流程以保证质量。

因此，企业需要在前期建立、完善质检流程和标准，以确保从供应商处收到的产品以及交付给客户的产品符合要求。任何过低或过高的质量标准都会造成不必要的成本浪费。

企业通过“精益”和“六西格玛”等技术标准来减少制造和分配过程中的变化，可以降低供应链中的质量成本（详见第四章）。

第三节 供应链中的冲突与权衡

供应链管理涉及做出选择和权衡，以帮助企业实现长期利润最大化。一般来说，冲突会发生在一个企业中的任何两个职能部门之间，以及作为供应链的一起合作的任何两个企业之间。

对于每个供应链管理者来说，以下提到的六种冲突或权衡非常普遍，因此我们需要学习和知道如何有效地管理和解决（见表 2-2）。

表 2-2 供应链管理中的冲突与权衡 & 解决方案

冲突与权衡	解决办法
销售与运营	销售与运营计划（S&OP）
客户与供应商	协同、计划、预测和补充 (CPFR)
工程与采购	跨职能团队
库存与客户服务（批发 / 零售）	预测
库存与停产（制造）	精益制造
采购与物流	总成本分析

一、销售与运营

销售人员经常说“没有什么产品是不能卖的”，如果问他们企业应该生产多少产品，得到的回答一般是很多。换句话说，销售人员想要确保企业在有足够的产品来满足他们可能面对的所有客户的需求的基础上还有剩余，“牛鞭效应”就是在这样偏离现实的情况下逐渐出现的。

同时，运营和物流人员负责控制制造、运输和储存产品的成本。他们也明白，供应链流程上的变化都需要资金，即使在非高峰期没有满额使用资源，但当高峰期来临时企业需要为满足最大需求的所有资源买单（包括运力、储存空间、人力、现金流等）。而运营人员希望只生产和储存所需的产品，以保持较低的制造和物流成本。销售和运营之间的这种权衡可能会导致企业内部的重大冲突。在很多情况下，销售部门常会做出不切实际的预测，而运营部门则因为库存过多而受到指责。在其他情况下，由于运营团队在计划上过于保守，销售部门无法实现其收入目标。

解决这一问题的一个常见方法是一个被称为“销售和运营计划 (S&OP)”的流程，它迫使销售和运营团队协调并就他们的目标和预期达成一致。

S&OP 通常从针对一个规划期限内的销售预测开始。例如，销售团队可能会估计在接下来的 12 个月里，他们每个月可以销售 1 000 件小部件。这被称为无约束预测，因为它是基于最好的情况作出的。

一旦建立了预测，运营团队就会检查这个预测，并决定这些数字是否合理，以及生产这么多产品需要些什么资源。在某些情况下，运营部门可能没有人员、设备或原材料来制造在不受约束的预测中要求的所有部件。在这种情况下，运营团队会要求销售团队基于已经确定的所有约束因素减少他们的预测（销量）；或者，运营团队可能需要做出改变或投资，以使他们能够满足销售预测。

S&OP 是一个需要不断重复的流程，以便约束销售预测并使其和制造生产计划保持同步。在很多情况下，S&OP 会涉及企业的高管，以确保他们理解这些权衡，并与企业战略保持一致。

S&OP 可能听起来很简单，但许多企业却很难让它奏效。麻省理工学院的拉里 · 拉皮德博士是S&OP领域的专家之一，他在《商业预测期刊》上发表的文章《销售和运营计划第一部分：过程》中指出，S&OP的成功需要以下10个因素：

（1）持续性进行、例行的S&OP会议；

（2）结构化的会议议程；

（3）为会议投入做准备工作；

（4）跨职能参与；

（5）参与者有权做出决定；

（6）由一个公正、负责任的组织（团队）来确保流程运行的严谨性；

（7）通过内部协作来达成共识和责任；

（8）以一个公正的基线预测来启动这个过程；

（9）联合供需规划，确保平衡；

（10）提供供需规划技术方面的支持。

从根本上说，S&OP就是关于信息的分享，从而让人们针对计划达成一致。目前有许多软件开发企业可以提供S&OP工具来帮助销售和运营团队自动化和简化工作流程。

企业在采购这类S&OP软件之前，最好是先向专门研究S&OP的顾问和专家咨询，并核查该类产品的用户反馈和评价，从而做出符合企业利益的选择。

二、客户与供应商

供应链中的每个企业都会对其他成员企业产生影响。如果你所在的企业突然间给某个供应商下了一个大订单，那么这个订单很可能会产生问题，原因是该笔订单很可能完全超出供应商的产能或者会以降低产品质量为代价，最终使供应商和自己以及下游的客户蒙受损失。但是，如果你的供应商对你打算买什么和什么时候买有一个很好的规划和建议，比如通过告诉你它的产能、可控的柔性极限和当下的交期情况来说服你执行一个更可行的、可持续的交付计划来最大限度满足你企业的采购量，同时又能保持它自己的库存和运输成本较低；换句话说，当供应链上的伙伴愿意积极合作并欢迎信息共享时，则每一方都是赢家。

供应链上的合作伙伴相互帮助的一种方式是通过一个称为“协同规划、预测与补货(CPFR)”的流程。在CPFR流程中，伙伴间会分享他们期望客户购买多少产品以及他们分别的库存信息，这样他们就可以互相帮助，以更低的库存达到更高的服务水平。

三、工程与采购

工程团队的主要工作就是寻找创新、改变和改进产品的方法。为了使他们的创新流程运作良好，工程师经常与供应商建立灵活和协作的关系，但这种灵活性和投入在了解工程师需求上的时间是有成本的。通常，最擅长创新和协作的供应商成本最高。同时，采购团队也一直在寻找方法，以最优惠的价格获得满足最低规格要求的产品。最低的价格通常来自那些以高度标准化的系统和流程来生产最低质量产品的供应商。工程团队和采购团队之间的目标冲突会导致企业内部的紧张关系，管理这种紧张关系的最佳方法之一是创建跨职能的产品团队。在产品设计阶段聘请采购专业人员，可以帮助确保考虑到产品生命周期中每个步骤的成本；同样，在整个采购流程中工程团队的参与，则可以帮助确保对满足公司和客户需求的低成本选项进行适当的审查。

另一种管理工程和采购之间权衡的方法是使用“设计－制造”策略。在该模式下，供应商可获得一份兼具设计和制造产品的合同，这样，供应商方面就有动力保持低制造成本，制造商也有动力追求创新的设计方案。

四、库存与客户服务（批发／零售）

存货成本之所以高是因为它占用了流动资金，消耗了劳动力和不动产，并且贬值迅速。许多供应链专业人士和商业分析师甚至会告诉你：库存是敌人。你可能会问，为什么不立即消除库存？如果不需要处理仓库、配送中心和库房，供应链管理不是会容易得多吗？这种方法有一个主要问题：企业通过向客户销售产品来赚钱，如果他们没有产品可卖，他们就赚不到收入。当你考虑到客户的价值时，他们愿意为产品支付多少仅仅是计算等式的一部分。例如，你必须考虑客户是否愿意必须在 100 km 外取货，或者如果他们必须等待一年的情况下为你的产品支付相同的金额。换句话说，一个产品的安置（销售／仓库／中转仓／配送中心）地点和可用性实际上对你的客户的价值和你的企业的收入都有很大的影响。

对于谁将购买产品、他们将购买多少、他们将在何时购买以及他们将在哪里购买这些不确定性因素，库存起到了缓冲作用。当客户下单订购时，你为他们提供所有他们想要的产品的能力被称为服务水平。高服务水平对企业有利，客户倾向于从可以快速满足他们需求的供应商那里购买，所以高服务水平可以增加收入，增加市场份额。要达到高服务水平通常需要有可供即时调拨的足量库存。要保持 100% 的服务水平，企业实际上需要无限量的库存，但这是不现实的，所以企业需要找到方法来管理减少库存以降低成本和增加库存以保持可接受的服务水平之间的紧张关系。

企业通过优化库存来平衡库存水平和服务水平。库存优化是将库存减少到维持所需服务水平的最低要求的流程。库存优化通常从预测开始，在这个过程中，企业试图预测要卖多少产品以及打算什么时候卖。有很多方法可以用来进行预测，从经验法则到复杂的统计模型。不管企业使用什么预测方法，也无论预测的基础具备多么翔实的历史销售数据，事实是预测仍然属于猜测。供应链专业人士常说的一个笑话是，预测的第一定律是预测总是错误的。应对预测中潜在误差的方法是保持额外的库存在手上。预测越准，需要保持的额外库存就越少，这样可以满足期望的客户服务水平。如果预测不够接近现实，想要确保在顾客需要的时候就能销售产品，就需要增加库存。

预测错误的程度被称为误差，改进预测就包括尽可能地减少这种误差。

有两种错误可能发生在预测中：

（1）无偏误差（unbiased error）：是随机的，通常是信息不完全的结果。

（2）有偏误差（biased error）：是一种出现在某种模式或（数据）趋势中的错误。例如，预测可能总是高于实际销售，也可能总是低于实际销售。图 2-2 显示了一个偏差预测的例子，它总是高于实际销售。如果企业可以测量误差的（量）值，那么就意味着可以把误差考虑进去，从而创建一个新的调整后的预测。

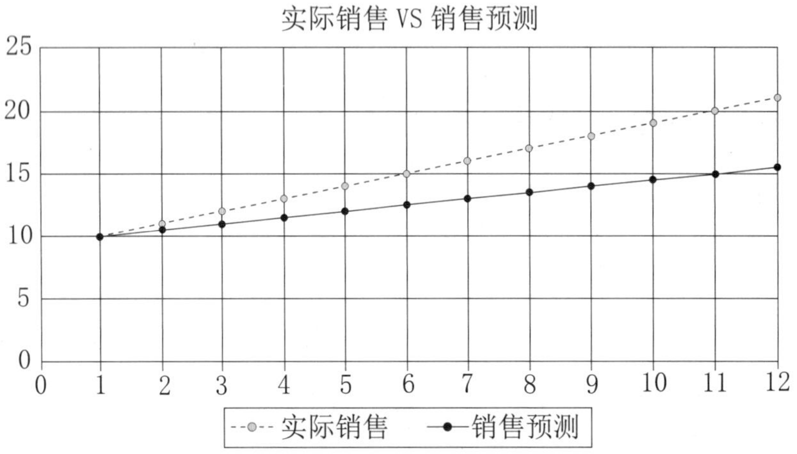

图 2-2　企业销售预测示例

通过创建一个比较预测数据和实际数据的图表，通常很容易直观地发现预测误差。预测精度通常用平均绝对百分比误差 (MAPE) 来衡量。大多数企业处理预测中潜在错误的真正方法是增加他们的库存，因此，预测越准，企业获得的对于市场动向的信心就越大，满足想要的客户服务水平所需要保持的额外库存就越少；反之，企业就需要投资额外的库存。

五、库存与停产

生产操作的重点是在给定的时间内最大化企业（或工厂）能够生产的产品数量。有时，生产过程也需要有计划地暂停一下。计划停产的时间通常取决于工人的工作班次，更包括企业进行设备或产线维护，抑或更换设备来生产不同的产品。

与之相对应的是计划外停产。计划外停产也会因为各种各样的原因发生，比如可能由停电、设备损坏、罢工或政府新规定引起的意外停产；另一个常见原因就是库存耗尽，如果没有制造产品的原材料和零部件，就无法生产产品。虽然其他类型的计划外停产通常很难预测和控制，但企业仍可以通过保有一定存量的安全库存来防止由于缺乏材料而导致的停工。

因此，生产运营经理倾向于拥有额外的库存作为一种保险政策，以确保他们永远不会耗尽原材料从而导致计划外停产。这些额外的库存当然会占用营运资本和仓库空间。

这种情况下，“精益技术”可以帮助制造商最大限度地减少因库存短缺而导致的计划外停产，同时最大限度地减少供应链中的库存数量。

精益制造（Lean Manufacturing）的关键要素之一是使用看板或拉动式策略来补充库存。在精益制造中，看板基本可以理解为是一个库存的容器，它被用于在供应链的每个步骤上来触发库存补充机制。它提供了一个平稳的物流活动和按部就班的库存管理机制。当企业使用看板系统时，就没有办法将库存按从前往后的顺序“推动”到供应链上的后续工序；相反，它只能由下游的看板来“拉动”上游的生产工序。

精益制造技术随着大型集团和企业的广泛采用和定制，如今已经越发变得普遍，因为它能帮助最小化那些由库存缺货引起的计划外停产的次数，同时可以最小化供应链中的库存数量。这个当初由丰田公司开发并用来管理产品在生产过程中流动的独特方法，使企业最大限度地降低库存成本和计划外停产。这种方法涉及的工具和技术统称为丰田生产系统。随着其他企业采用这种方法，它被称为“精益方法”，因为它有效减少了供应链中的库存冗余（详见第四章）。

六、采购与物流

企业的采购团队需要想办法以更低的成本获得同样的材料。降低成本的两种常见方法是大规模订购和从低成本地区的供应商那里采购。这两种选择都可能降低单位商品的成本，但它们也可能产生物流成本增加的意外结果。

首先，每次增加订购的材料数量即批量的大小（Lot Size），也会增加库存数量。一开始企业没有库存，然后逐步从供应商那里采购货物；紧接着，企业逐渐把库存卖给客户，直到库存耗尽。在此期间，企业平均拥有的库存有多少？答案是平均库存数量以及企业在库存中占用的营运资金的平均数量约是企业的生产规模的一半。因此，从平均角度而言，如图 2-3 所示，企业一次性订购的越多，最终拥有的库存就越多。

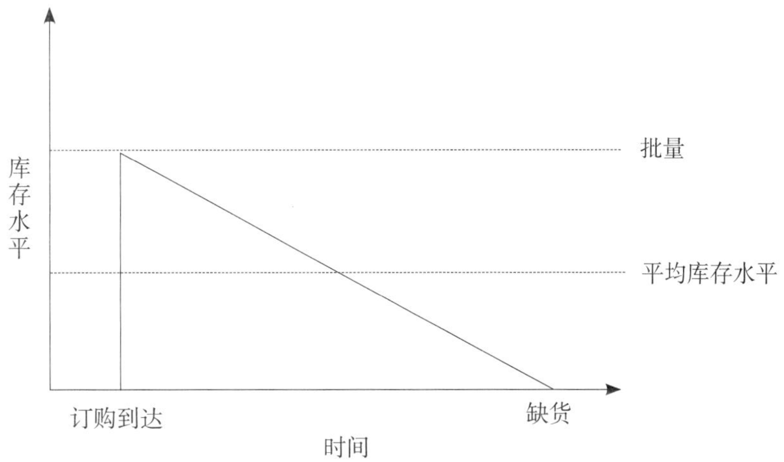

图 2-3 平均库存水平示例

大批量订购也意味着企业需要额外的物理空间来储放库存，同时也需要更多的人员来管理库存。虽然增加批量可能会让企业的单位成本更低，但它最终可能会增加企业的库存成本。当考虑距离较远的供应商时，也会出现类似的问题。即使所采购产品或部件的单价更低，但运输成本的增加可能最终会消耗掉节省下来的钱。此外，远距离运输货物也会迫使企业大量购买以避免发生过多重复性的订购成本。任何产品在物理意义上的移动距离越远，过程中出错的风险就越大。为了抵消这种风险，办法就是增加库存。平衡采购和物流优先级的方法是对采购决策采取总成本分析方法，确保完整评估所有耗费供应链资金的因素。你可能会发现，比起选择一个地处遥远的、低成本的供应商，花费更多的资金在运输和库存上，不如选择一个可以小批量交货和低成本运输的当地供应商，这在很多时候是一个更好的选择。

第四节 供应链映射

自2020年新冠感染疫情暴发以来，全球供应链在经历严重波动和中断等情况下，越来越多的企业很快意识到需要提高其供应网络的可见性，包括从记录材料部件的来源到跟踪发货。为了获得这种透明度，许多企业意识到必须创建其供应网络的从源头开始的全球供应链映射。

简单来说，供应链映射也称供应链图析，是指从企业所在的供应链中涉及的所有供应商或个人获取信息的过程，以便商品和服务的来源和流动可以端到端地可视化。然而，一旦考虑到当今多层供应网络的复杂性，获得端到端的可见性就变得越来越难。

企业之所以缺乏这种可见性的原因包括但不限于产品短缺、运输延误、昂贵的材料增加、需求激增、不符合社会或环境实践的声誉抵制，或不得不应对的自然灾害，这些都使企业在面对不确定性或者意外情况时容易受到各种供应链风险的影响。

那么供应链映射究竟可以在哪些方面给企业带来积极影响呢？

（1）有助于简化和加快供应链流程。了解多层供应链是如何连接的，可以帮助企业发现延迟的根源。

（2）识别潜在的损失点，加强与供应商的联系。通过迈出第一步，确定谁是企业的供应商，可以为双向沟通及未来的合作奠定基础。

（3）增强对未来风险或破坏的抵御能力。了解供应商的身份和位置，对他们可能给你带来的风险有一个基本的了解。如果供应商遭遇自然灾害、违反人权法规等，企业可以演练应对场景，从而提前减小风险。

（4）与客户建立更牢固、更真实的关系。今天的消费者想知道他们的产品来自哪里，以及他们所购买的产品是否违反了环境和人权。与客户分享供应链透明度的故事是建立信任和赢得忠诚的好方法。

（5）为企业了解供应商的可持续发展绩效提供一个有价值的起点。正如下面更详细的解释那样，供应链映射从确定供应商是谁以及他们在哪里运营开始，一旦你所在的组织或企业建立了这种沟通渠道，收集更详细的可持续性数据就是合乎逻辑的后续步骤。

既然我们已经了解了供应链映射的益处，那么企业应该如何进行供应链映射呢？

一、步骤1——让你的一级供应商参与进来

要开始了解供应链中的关系，首先需要你的一级供应商或直接供应商加入映射过程，可以通过执行一个非常基本的供应商评估来实现。企业很可能已经认识了绝大部分一级供应商，因此只需邀请他们使用您正在使用的映射、调查或评估系统或软件即可。

为了最大限度地提高该计划的参与度，企业的评估应该从最基本的内容开始：

（1）一级供应商是谁？

（2）它们在哪里？

（3）它们的核心供应是什么？

二、步骤2——将映射在供应链中延伸

一旦你与你的一级供应商建立了沟通渠道便是时候往前更进一步了。企业可以将此阶段视为“供应商发现阶段”。为了发现你的 *n* 层供应商并获得来源的可见性，可要求你的一级供应商向你的二级供应商或他们的直接供应商发送相同的基本评估。当你的一级供应商能够正确执行计划时，类似评估可以往下继续纵深发展直至供应链源头。

为了确保你的“供应商发现阶段”的评估真正涉及你的原材料供应商，你所在的企业可以在以下方面进行努力和尝试：

（1）让这个过程对你的供应商有价值。

一旦开始将你的数据编译成一个供应链映射，就应该把它分享给你的供应商，这可以使你和你的供应商更好地了解供应链风险和瓶颈。

（2）保持积极的沟通。

为了鼓励你的供应商做出积极回应，一定要经常和他们保持顺畅的沟通，确保他们参与其中并理解所能获得的价值。另外，还要强调这次调查将为你和你的供应商之间未来的合作奠定基础。他们的反馈会让你知道他们的能力到底如何。

（3）使用正确的技术。

企业使用供应链映射的根本目的是使供应链变得更加有效，一些企业可能会尝试和选择使用地理可视化软件将供应商数据填充为易于理解和共享的形式。在类似平台上，可以

实现自动将供应商评估按供应链节点顺序和地理位置来排列，在此过程中实时存储供应商信息，以减少未来调查的非必要重复。

三、步骤 3——建立映射，添加数据，识别风险

一旦完成了供应链上的所有相关合作供应商的发现与梳理，企业就应该开始构建供应链映射了。如上所述，借助于合适的技术或软件平台，企业的供应商数据可以实时化记录和整理。如果你所处的供应链相对比较简单和直接，那么使用电子邮件和 excel 等工具同样是可行和便捷的。针对涉足多条产业链或者产品线的大型企业来说，不同产品或服务的供应链映射应有所区分，实行差异化管理。

有了供应链映射，企业现在可以添加额外的数据来识别风险，并建立抵御未来冲击的防线。

一种方法是使用第三方解决方案。例如，企业可以使用基于供应商位置的第三方风险数据来增强映射。这可以让你了解自然灾害风险、强迫劳动风险或其他环境、社会与治理等相关问题，这些问题在世界某些地区仍然存在。

再者，通过使用相同的供应商评估过程，企业还可以直接从供应商处收集其他数据。例如，也许你的第三方风险数据显示，你 25% 的供应商在一个以滥伐森林著称的地区运营，企业此时可以进行更细的评估，以记录这些供应商是否使用经过当地政府和法律认证的原料来源；如果没有，他们将采取哪些步骤进行改进。

最后，企业可以考虑使用自动化评估软件在可视化领域中纳入一些其他采购相关信息，如付款、库存更新、发货、退货等。从系统性的角度来看，供应商映射的建成需要企业投入足够的人力、技术和资金支持。在此过程中，系统和软件平台的搭建和支持至关重要。当然如前所述，借助于第三方解决方案，企业应当尝试建立信息集成，从多角度和渠道构建供应链映射的软件和硬件支撑，为企业的采购部门和团队提供一个易于操作和供应链快照来识别供应链风险和机会。

总而言之，通过以上信息的收集和整理，企业可以更容易地识别诸如较长的交货周期、通货膨胀和当下一些不可持续的方法，为企业节省宝贵的时间和资源，并简化采购流程。

案例分析

跨国贸易中的物流成本

一家欧洲牛仔裤制造商在中国、孟加拉国和菲律宾开设工厂生产牛仔裤和相关产品。来自这些工厂的货物到达荷兰后，在那里拆开包装，进行合并和重新包装，以便进一步分发。

为了节省在荷兰进行包装和重新包装操作的成本，牛仔裤制造商决定在亚洲和欧洲之间的印度次大陆上开发一个交叉对接设施。它位于航运路线沿线，在自由区范围内提供更

廉价的劳动力，同时进出保税区的货物还可免征关税。

这种交叉对接操作的结果是，来自孟加拉国和越南的原产地证书不再与进入欧洲的货物相匹配，因为原来的货物现在分布在目的地国家和商店订购地之间。因此，荷兰海关无法确定货物是否有产地证明，因此无法确定优惠进口关税是否适用。这可能导致对产品价值征收高达 12% 的关税，而不是零关税。

对于这个问题有两种解决方案。其一是为每个单独的产品获取原产地证书，或者至少为针对同一家商店的一组产品获取原产地证书。这是一个烦琐的解决方案，因为各国通常会对每个原产地证书收费，而且许多国家不允许为单一国际货物（部分）发放多个不同的原产地证书。因此，这将增加产品的额外成本。第二种选择是与荷兰海关制定原产地证书的行政部门协调。虽然这是可以做到的，但它会给交叉对接设施中的操作带来额外的压力。此外，海关对产品和证书之间的原始联系是否能得到核实也不是很有信心。

欧盟提供了第三个解决方案，即 2016 年生效的注册出口商制度（REX）。这项制度允许向欧盟出口的国家将其企业注册为获批准的出口商，然后，这些企业可以自己发行原产地证书。这将有助于第一个解决方案在实践中发挥作用，而不会增加成本。因此，菲律宾和孟加拉国都选择在 2019 年引入 REX。

案例思考：从本章学过的“成本动因”和“供应链中的权衡”角度出发，理解并分析案例中的物流成本是否在其他行业和企业中同样存在？尝试列举可行的解决方案并解释。

案例实践

海 尔

· 海尔集团成立于 1984 年，现在是中国第一大家用电器制造商，中国的制造旗舰企业之一。

· 公司拥有 96 条产品线，包括冰箱、冰柜、空调、洗衣机、微波炉、电视机等。

· 就营业额而言，海尔曾在全球白色家电制造商中排名第四，仅次于惠而浦、伊莱克斯和博世 – 西门子，在冰箱领域则曾排名第一。

1. 研发 / 设计

· 海尔是一家创新型中国企业，其优势在于产品设计和新产品开发，采用新技术和开拓新的国际市场。

· 其研发中心分布在许多国家。在中国，它在电子、控制、新材料和纳米技术方面拥有强大的研究团队。

2. 生产 / 供应管理

· 强大的制造国际化理念：海尔的制造国际化始于 1996 年，当时在印度尼西亚成立了第一家海外合资工厂。1996 年至 1999 年，在东南亚（菲律宾、马来西亚等）和中东（约旦）建立了多家全资工厂。

· 2000 年 3 月，海尔在美国南卡罗来纳州的工厂投产，年产 20 万台（一班制）。

· 2001 年 6 月，海尔收购了一家意大利工厂，其生产能力与其美国工厂相当。

· 其国际生产网络在海尔价值链优化中发挥着越来越重要的作用：产品研发，名牌开发，生产范围广泛的产品，并发展全球分销网络。

·高度垂直整合——从研发、生产、分销、售后服务（安装和维护），包括品牌推广和营销，制定了完整的品牌产品供应整合战略。

· 扩大白色家电概念，扩大公司规模。

3. 销售 / 服务

· 通过各类网络在中国拥有强大的分销渠道。

· 海尔发展了自己的服务团队和物流网络，以加强与终端客户的分销和联系。这一策略在中国消费者中很受欢迎，但在美国可能不那么有效。

· 海尔利用其物流网络为其他公司提供第三方物流服务。

4. 当前问题

· 海尔面临的主要挑战之一是如何优化其全球运营，包括设计组织、制造网络和资源培训——这是许多大型中国企业面临的典型“国际化问题”组织。

尝试和你的团队成员一起进行如下实践活动：

针对海尔的发展现状以及行业竞争中所面临的局面，结合本章知识点，为其“当前问题”中列出的解决方法着手制定一份供应链风险评估报告。

思考练习题

1. 名词解释

①客户价值

②成本动因

③无偏误差

④偏离误差

⑤精益制造

2. 选择题

①以下属于成本动因范畴的是（　　）。

A. 采购成本　　B. 运输成本

C. 存货成本　　D. 人力成本

②可以解决“库存与客户服务”中的冲突的办法是（　　）。

A. S&OP　　B. CPFR

C. 精益制造　　D. 预测

③库存优化的方法可以包括（　　）。

A. 提高预测准确率　　B. 定期清理库存

C. 减少仓库规模　　D. 采用（市场）拉动策略

④精益制造可以带来的改变包括（　　）。

A. 降低库存短缺情况　　B. 降低库存成本

C. 减少冗余　　D. 杜绝生产浪费

3. 论述题

①试着为 S&OP 的 10 个成功要素做出重要性排序，并解释原因。

②既然预测无法保证完全的准确率，是否意味着企业在预测上的投入和努力是可有可无的？

③企业在采用精益制造的过程中可能遇到哪些困难？如何解决？

第三章　流程管理视角下的供应链管理

学习目标

△了解供应链中的“流”。

△熟悉供应链职能的同步。

△理解塑造供应链文化。

△掌握供应链系统的设计和供应链流程的衡量指标。

基本概念

需求链；供应链；供应链原则；新供应链议程

供应链的管理者可能会在什么是最好的选择上遇到困惑和误解，本章我们将尝试用几种不同的方法来分析供应链中究竟发生些什么。通过这些不同的视角可以帮助你了解供应链是如何真正工作的，并找出改进的机会。

第一节　管理供应链中的“流”

供应链中存在着三条“流”，分别是物（料）流、资金流和信息流。如图 3-1 所示，物（料）流在供应链做自上而下的流动，从原材料开始，通过增值步骤，直到产品最终到达客户手中。资金流从客户端逆流而上，沿途提供商品和服务的所有供应链合作伙伴。信息流随着客户下订单、供应商提供关于产品或服务的信息以及它们将在何时交付等，在上游和下游间来回流动。

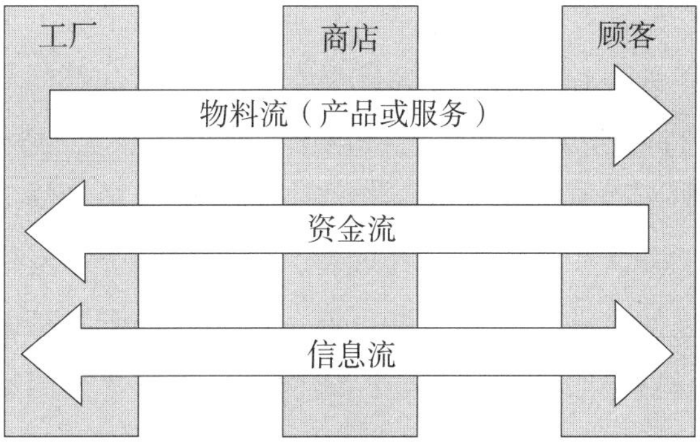

图 3-1　供应链中的三条“流”

有效地管理供应链的关键是能否让这三条“流”保持同步。例如，企业必须确定自向客户发出产品到客户支付产品费用之间的等待时间。为了保持供应链按照企业希望的方式运行，还必须确定哪些有效信息需要在何时进行及时性的传递或交换。流入供应链的每一分钱都来自客户或消费市场，然后向上流入供应链上的所有参与者手中。整条供应链必须共同努力，以尽可能多地获取来自市场的资金，如此才能保证整条供应链能够可持续地运行下去。

第二节　同步供应链职能

从流程管理的角度来看，供应链管理整合了组织内部的三个职能：采购、物流和运营。这些功能中的每一个在任何企业都是至关重要的，而且每一个都有自己的指标和任务；另外，这些职能间又是相互依赖的（见图 3-2），所以在这些领域中做出好的决策需要与其他两个领域不断进行协调。

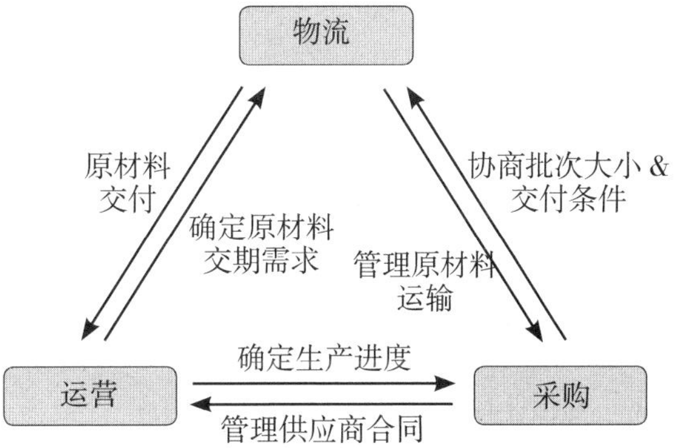

图 3-2　供应链中的物流、运营和采购

实际上，采购、物流和运营团队经常有相互冲突的目标。如果为了避免这些冲突，就去尝试单独管理这些职能，最终只会导致企业整体业绩不佳。原因不难理解，因为企业内部的职能都不是单独存在和运行的，团队与团队之间、部门与部门之间、职能与职能之间，有着各自的目标或指标，但最终的顶层目标是为企业的战略目标服务。换言之，任何组织结构内的职能运作都离不开这一最终愿景。矛盾和冲突的来源往往来自对资源的争夺和沟通与协调的障碍，作为供应管理者，面临的一个艰巨任务就是要确保这些团队的目标是一致的，以便企业实现其顶层目标。许多供应链决策的最简单的顶层目标是投资回报，专注于这一目标有助于超越职能属性，帮助每个部门或团队形成企业目标为上的大局观。

一、采购

采购职能的基本目标是以尽可能低的成本获得企业所需的东西。

对于采购经理来说，一些最常见的降低成本的策略是：

（1）与供应商谈判，压缩供应商的利润空间；

（2）大量购买以获得批量折扣；

（3）转向对同一产品收费更低的供应商；

（4）向下生产更低端、廉价的产品。

表面上看，这四种选择中的任何一种都是降低成本、提高盈利的简单有效的方法，但每一种选择都可能产生负面的长期性的影响。例如，把供应商的利润率压低可能会使他们难以交付可靠的产品，甚至迫使他们停业。虽然你可以在短期内省钱，但将来你可能不得不花费更多的时间和金钱来寻找甚至培养新的供应商。换句话说，这会增加企业的总成本。此外，许多采购决策也会直接影响到企业其他职能部门的成本。例如，采购质量较低的原材料可能会导致更高的质量保证成本；大量购买可能会导致库存成本增加。

二、物流

物流涵盖了与运输、产品储存、配送等相关的一切工作，包括进向物流和出向物流。进向物流是指由供应商运至企业的产品。出向物流指的是企业运送给客户的产品。

物流的价值在于它在客户需要的时候把产品及时送到客户需要的地方，物流的成本也可能因此变得很高昂，使用任何形式的运输工具（无论是自购或租赁），仓储管理（无论是自建或租用）费用都是巨大的支出。此外，作为企业资产的产品在配送中心或者（周转）仓库中停留时间越久，贬值的速度就越快，耗费的营运资金就越多。

物流职能的目标是更快地运输货物，降低运输成本，减少库存。

以下是物流部门尝试实现以上目标的一些方法：

（1）将小型货物合并成大型货物运载以降低运输成本；

（2）把大型货物拆分成小型货物以提高周转率；

（3）为了降低成本或提高速度从一种运输方式转换到另一种；

（4）增加或减少配送中心的数量，以提高周转率或降低成本；

（5）将物流服务外包给第三方物流（3PL）企业。

从上面的分析中可以看到物流和采购之间可能发生冲突的一个例子：物流想要减少库存，这可能意味着订购更少数量的货物；但采购想要降低采购材料的价格，这可能意味着购买更多数量的货物。除非采购和物流协调他们的决策，并将他们的目标与最有利于双方的底线目标相一致，否则这两个职能部门最终往往会相互冲突，并与企业、客户和供应商的最佳利益相冲突。

三、运营

运营部门负责致力于为企业创造价值的流程。

在不同企业中，运营职能间的不同：

（1）在制造企业中，运营部门负责管理生产过程。

（2）在零售企业，业务主要是管理门店或店铺。

（3）在电商企业或第三方物流企业，运营团队也可能是物流团队。

运营部门通常关注产能利用率以及可以利用的资源，包括人力资源（人）或土地和设备（资本）。运营职能的工作是通过衡量如何有效和高效地使用可用的产能来生产客户购买的产品和服务来完成的。

运营部门的一些共同目标包括：

（1）减少由于更换和维护造成的产能浪费；

（2）减少任何原因的停工，包括原材料耗尽导致的停工；

（3）根据所收集的针对客户的预测调整生产计划和原材料订单。

需要注意的是，虽然提高运营效率是运营指标之一，但有时它实际上会出现供应链问题，造成弊大于利。例如，企业通过投资增加产能后，会发现供应商或物流基础设施无法支持更高的生产水平，从而形成根本性的资源浪费。反过来，如果企业能够先行提升物流基础设施的相关投资和改建，并在此基础上要求供应商做好改造升级工作，产能利用率的提高就会变得水到渠成。

第三节 塑造供应链文化

如果你曾经做过性格测试，比如迈尔斯-布里格斯类型指标，那么你就知道这些测试可以揭示人们处理问题和做决定的方式的重要差异。事实证明，一个群体也有个性，这些个性形成了一个群体的文化。当涉及管理供应链时，文化就会显得非常重要。

假设你的一个客户是一家非常重视可靠性的企业，这家企业认为供应商每次都以完全相同的方式交付所订购的产品是很重要的。这个群体的文化，也就是企业所看重的东西，决定了它会如何来评价供应商。现在假设这个客户选择与两个供应商合作：一个以稳定的质量著称，另一个以灵活和创新著称。显然，第一个供应商更适合这个特定的供应链，就是因为客户对可靠性的重视。

文化的影响也可以应用到组织内部的其他职能，如采购、物流和运营往往也会发展自己的文化。如果这些部门的价值观发生冲突，企业就很难有效地管理供应链。

思考一个企业或部门的文化的一个比较推荐的方法是使用约翰·盖特纳博士在《动态供应链：通过人传递价值》（2010 年）中开发的框架。盖特纳在书中强调，四种主要的供应链行为力量（见图 3–3）决定了一个群体的文化，这些力量通常与组织领导人的风格和特定行业的标准有关。

（1）整合者：凝聚力、合作和关系的力量。

（2）开发者：创造力、改变力和灵活性的力量。

（3）管理者：分析、系统和控制的力量。

（4）生产者：能量、行动和结果的力量。

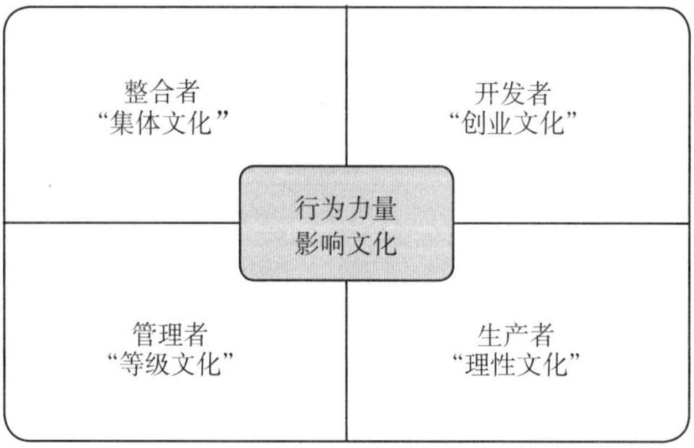

图 3–3 供应链行为力量

这些行为力量间的不同导致团队或组织的文化出现差异。

由“整合者”力量驱动的团队文化中每个人都被鼓励发展个人关系和非正式沟通。在群体文化中，人们感觉自己是家庭的一部分。但这样的团队对其他人，也往往是排外的。

由“开发者”力量驱动的团队则形成了一种创业文化，其中每个人都专注于实现共同的愿景。与团队内外的人员交换意见的交流通常是非正式的，只要不妨碍共同目标的实现，企业文化可以容忍不良行为。

由“管理者”力量驱动的团队创建了一种等级文化，在这种文化中，交流是正式的，并主要通过官方渠道。等级文化擅长开发流程并确保一致性，但往往速度缓慢且缺乏灵活性。

由“生产者”力量驱动的团队会形成一种理性的文化，在这种文化中，交流简明而快速，制定计划、执行计划，包括所有情况的更新都会及时通知到各利益相关方。

理性的文化善于让团队专注于产出的交付。即使周围的环境发生了变化，这些文化往往很难偏离既定的计划从而做出适当的改变。

在具体分析某企业的供应链时，我们可以组成一些团队，并给每个团队确定一种主导文化。这通常可以帮助企业预测在这些团队交互合作时可能出现的冲突和差异，还可以帮助企业找到利用这些差异的方法。

下面是一些可以帮助企业有效实施该计划的示例：

（1）采购部门通常是等级文化，而运营部门则是理性文化。在这种情况下，采购部门可能会因为运营部门不遵守规定而感到沮丧，运营可能会因为采购进度缓慢而受挫。因此，企业可以创建一个紧急团队，成员来自运营和采购部门，主要工作是管理紧急订单，主要任务是确保所有适当的政策和规定都得到有效遵守。

（2）大型企业通常因为其严格的制度与规定而形成了等级文化。专注于创新的科技企业体现的是一种创业文化。为了让大型官僚机构能够利用最新的技术，他们可能需要启动新的程序，使其响应速度更快，对供应商有更大的灵活性。

（3）人力资源团队通常代表了“整合者”团队文化，而咨询顾问可能有一种理性文化。人力资源团队可能会发现咨询师傲慢而冷漠，而咨询顾问们可能会认为人力资源团队既好管闲事又不专业。为了让这些团队在企业内部有效地工作，企业可能需要安排时间和契机让他们在社交场合更多地进行互动，比如企业团建或者是一些周年庆活动等。

第四节 设计供应链系统

假设你每天开车上班，汽车就是你每天都依赖的一个“系统”，你期望你的车能把你从A地送到任何想去的B地。事实上,你可能认为在任何通勤日,汽车都可以送你去上下班。然而，只有当汽车这个“系统”中的所有组件都运行正常时，它才能按照你所期望的方式运行，漏电的电瓶、坏掉的燃油泵、失灵的刹车都会使整个系统停止甚至发生意外。

与我们工作或生活中使用到的很多系统一样，供应链也是一个系统，它是由无数的组件、人员、流程和技术所汇聚而成。供应链需要正确地组织和管理其中的每一个，才能使系统按照预期的方式运行。

当你将供应链视为系统时，你将开始看到供应链应该具有的基本运行规则和模式，这些规则和模式是理解它如何工作的关键。当一个企业的库存水平剧烈波动时，企业里的人可能很难理解为什么会出现这些波动，除非你把供应链看作一个系统。然后，企业可以识别出一种称为“牛鞭效应”的模式，在这种模式中，库存的峰值和谷值随着它们在供应链中从一个环节移动到下一个环节而被放大。“牛鞭效应”是一个经常发生在供应链系统中的问题，它是一个正常的、可预测的结果，每个人在供应链中做出的决策似乎是合乎逻辑的。要解决这个问题，企业需要更改系统，这意味着企业需要了解实际发生了什么。

我们通过以下这个场景来了解“牛鞭效应”是如何发生的：

一个顾客来购买1个小部件，这是商店里的最后1个小部件，所以商店需要再从批发商那里订购更多的库存。但批发商不销售单个的小部件，他只愿意起码以100个为1箱来出售小部件。现在商店必须买一整箱（即100个）该部件，尽管它只卖了1个。如果这箱小部件是批发商仓库中的最后1箱，那么批发商将通过向工厂订购更多的小部件来补充库存。但是，工厂只以100箱（每箱100个）为批次销售小部件，所以批发商必须购买100箱（共1万个）这样的小部件。批发商只卖了100个部件，却买了1万个。

这家工厂卖了多少小部件？1万个。批发商卖了多少？100个。顾客买了多少？是的，才1个。供应链末端的一个小小的需求信号在每一步都被放大，由此对库存产生“牛鞭效应”。商店可能再也卖不掉1个小部件了，所以它的库存仍然是100个。批发商可能永远也卖不掉1箱小部件，所以它可能会积压下100箱库存。所有这些额外的库存对供应链上的每个人来说都是在消耗资本，而没有增加任何价值。

这里有3种改变方法，可以减少甚至消除“牛鞭效应”：

（1）把批量变小。商店和批发商需要购买的小部件越少，订单向供应链上游移动的影响就越小。

（2）改善预测。如果供应链上的所有合作伙伴都有一个更好的预测，就会减少订购无人问津的小部件的可能。

（3）加强沟通。如果商店、批发商和制造商确切地知道小部件的销量，他们就能更好地管理库存。

需要注意的一点是，你所做的为了减少“牛鞭效应”的努力在职能经理看来可能非常奇怪。事实上，它们甚至可能会干扰职能团队的目标。例如，较小的批量可能会增加采购和物流成本支出的重复次数。要理解供应链管理中每天所遇到的无数挑战，你、你的团队，包括整个供应链部门都需要认识到供应链是一个系统，其中的人员、流程和技术并不总是以显而易见的方式在相互作用。将供应链作为一个系统来管理，可能需要一种不同于职能部门内部工作范畴的方式，而以一种跨职能的方式来工作和衡量绩效。

在某些情况下，我们可以借助于构建供应链模型来显示系统各部分如何交互成化学反应。这些模型可以显示因果关系——A 事件如何影响 B 事件，然后导致 C 事件发生，从而造成 D 事件发生的概率变大，等等。换句话说，这些模型可以显示出因果关系。通常情况下，系统模型可以揭示出“强化循环”，即一系列事件不断重复，每次都变得比前次更强；或者，它们可以呈现出具有相反效果的“平衡循环”，即随着时间的推移，一系列事件会变得比前次更弱。

因果循环图是系统动力学建模最常用的工具之一，图 3–4 是因果循环图的一个例子。在这个例子中，我们可以看到两个重要的供应链动态如何影响一个企业的市场份额。随着客户数量的增加，市场份额也越来越高。但随着市场份额的上升，潜在客户的数量会越来越少，因为这些潜在客户已经变成了现有客户。随着潜在客户数量的减少，市场份额的增长放缓并最终停止增长。

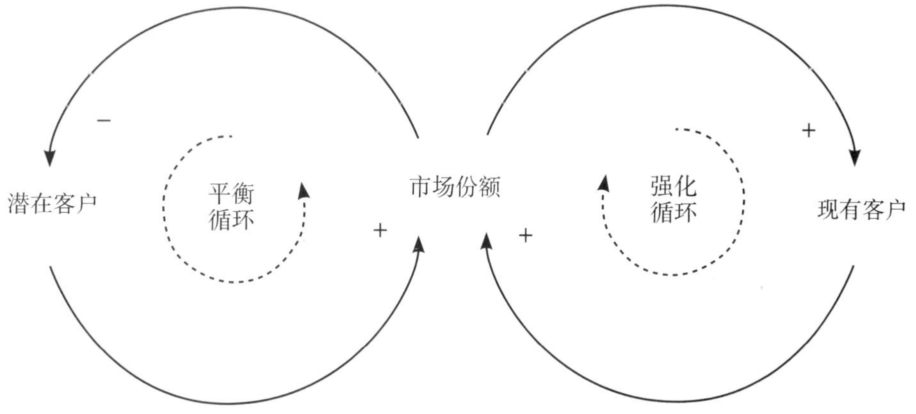

图 3–4　供应链因果循环图示例

第五节 衡量供应链流程

许多供应链管理者会尝试从流程、功能、社区或系统的角度来看待供应链。但是为了管理供应链，你需要能够正确衡量正在发生的事情是好是坏，或者是朝着变好的态势发展还是相反。实际上，供应链中的每一个流程都可以用定量指标或定性指标来衡量。定量指标是客观的、数字的指标，定性度量则描述了无形的特征。例如，量化指标可能包括当前的库存水平或运输费用；定性指标可以描述员工的参与度，或者客户对服务的满意程度。

表 3–4 列出了一些常见的定性和定量指标。

表 3–1　定性指标 VS 定量指标

定量	定性
次数	满意度
速率	做某事的可能性
价值	认知
数量	需求或欲望
频率	客户参与度

收集以上衡量指标的资料需要花费相当大的资源投入，因此选择企业真正需要的衡量指标是至关重要的。

比如，可以为供应链流程中的具体业务和工作设定关键绩效指标 (Key Performance Indicator，KPI)。一个业务或设施的 KPI 可能与另一个同属性对象的 KPI 完全不同，这取决于该业务或设施在哪个流程中更重要。

在任何流程中寻找改进机会的一个好方法是将自己的表现与他人的进行比较。例如，企业可以比较一个设施与另一个设施的 KPI。比较设施之间，甚至企业之间的 KPI，是标杆管理的一个例子。标杆管理现如今已经非常流行，以至于很多企业的整个业务都建立在从该行业的几乎每家企业收集的供应链 KPI 数据和标杆管理报告的基础上，来制定自己的供应链 KPI 标准。

除此之外，企业也可以使用 SCOR 模型（详见第 5 章）来衡量他们的供应链 KPI。

以上提到的方式只不过是企业看待供应链的无数种视角中的少数几种，企业的管理者包括供应链的决策制定者，需要从中摸索出一种符合自身企业特点的供应链管理视角，并在此基础上选择合适的 KPI，监督这些 KPI 的执行情况，适时地与专业咨询管理企业或机构合作，从中找出存在的瓶颈和可以改善的地方。

案例分析

以顾客为导向的供应链合作

1. 背景

在欧盟的政策改革之后，独立的汽车贸易商和服务集团获得了更好和更公平的获取技术信息、培训、修理店设备和原始备件的机会。因此，随着市场竞争的加剧，汽车制造商的市场经营面临越来越大的压力。为了克服新的市场威胁，世界上最成功的高档乘用车制造商之一改造了他们的售后物流平台，以改善服务、提高留存率、增加零部件销量。

2. 客户挑战

通过围绕单一仓库配置的配送模式，这家汽车制造商的服务中心每个工作日只收到一件零件。汽车零部件存放在中心仓库，每天18：00前接受订单，第二天8：00前送到服务中心。因此，每当服务中心诊断出一个额外的问题时，终端客户必须进行回访，或者服务中心须把车辆多扣留一天，以便所需的部件到达。然而，这两种情况都没有达到客户所要求的满意水平。为了解决这一问题，该制造商重新设计了售后物流业务流程，建立了一个战略性的本地分销中心网络，提供当日零件交货。

供应链解决方案

为与这家汽车制造商合作，DHL供应链制定了一个可持续的物流解决方案，使其苏格兰和英格兰北部的18个服务中心每天可以接收3批额外的零件交付。由于服务中心遍布整个地区，地理位置自然是最重要的。DHL供应链在苏格兰中部有一个固定的仓库在运营，位置理想，有可用的存储能力，以满足战略库存的需求。仓库经过重新配置，分配了1 533 m^2用于存储汽车零部件，还设计了一个优化的解决方案，用于接收、存储、提取和发送。由于仓库操作每天负责完成三个每日订单运行，因此出现了三个与经销商调度截止时间一致的短活动高峰。这种活动高峰意味着一个专职的全职员工团队无法提供一个具有成本效益的解决方案，因为在活动高峰之间会有一段停工时间。为此，企业决定建立一支多技能的队伍，使汽车业务能够在需要的时候获得支持。选定的员工接受了培训，了解了制造商安全、准确地挑选订单和准备配送的流程和程序。

3. 客户利益

为期三年的实施和合同阶段于2010年9月开始运行，在第一个月的运营后，绩效指标就显示了成功迹象。运营部门共处理2 035条入站线路，向经销商发出530次邮件，服务水平达到100%。自从建立本地分销系统以来，不仅终端客户的回访次数减少了，服务中心的库存数量也减少了。此外，整体零部件销售也有所增加。18 个月后，因大大超过设定的库存精度目标，制造商认可了 DHL 的突出成绩，授予高额合同奖励以嘉奖其优质的服务表现。DHL 目前正与这家高档汽车制造商合作，在全球主要地区推广和复制创新的售后物流模式。在持续改进文化的支持下，供应链和物流旨在通过在所有业务中分享成功的想法来推动效率的提高，这证明了其在全球范围内提供卓越服务的可能性。

案例思考：DHL 和制造商的合作是建立在什么需求之上的？从供应链职能的角度来分析的话，你认为这种合作模式能否拓展到其他行业或领域，为什么？

案例实践

Strix 公司

Strix 是一家总部位于英国的公司，是全球水壶控制组件制造的领导者（全球市场份额占主导地位），其“广泛的水壶控制，无绳接口，恒温器和水沸腾组件每天在全球家用电器中使用超过 10 亿次”。

· 其工厂网络包括三个生产基地：两个在英国，一个在中国广州。

·探索新的商业模式，通过支持“Strix 技术内部”的组件产品品牌，并与合同制造商合作，改善他们的制造业务来提高销售。

1. 研发 / 设计

· 公司总部和研发中心位于英国罗纳德斯韦。

· 产品和流程创新对于保持竞争优势至关重要，其中包括许多“逆向工程”抄袭者。

· 20 世纪 80 年代初，Strix 开发了浸入式元件技术和无线接口技术等新概念。

2. 生产 / 供应管理

· 位于艾琳港和拉姆塞的两家英国工厂。拉姆齐工厂专门从事塑料注塑成型和零件冲压。

· 在 20 世纪 90 年代，Strix 通过卓越的运营赢得了一系列出口和制造奖项。

· 进入中国后，将业务全球化，与产品制造商（主要是合同制造商）建立联系，成为增长的关键。与下游伙伴的协调为进一步的成功提供了潜在的基础。

· 从早期进入中国市场（1989 年成立销售办事处）开始，中国市场快速增长：

·2001 年：建立第三方生产塑料模具的装配业务；

·2003 年：获 ISO9000、ISO14000、ISO18000 认证；

·2007 年：510 人，装配两班倒，铸模三班倒。

3. 分销与服务

· 在合同制造商和英国原始设备制造商（如飞利浦、特福，博世-西门子、博朗和博达姆）之间发挥桥梁作用。

· 在代工领域中推广“Strix Inside”概念（英特尔模式）。

4. 当前问题

· 在中国，该行业有 150 家代工企业，竞争激烈；可能会被合理化到“未来五年内少于 50 个”。

· 独特的商业模式，保护知识产权，增加在中国的销售，如：

利用现有的生产控制和质量管理能力来支持 Strix 合同制造商；

（水壶生产）提高生产能力；

派遣工程师到中国合同制造商解决生产问题，使用 Strix 组件。

· Strix 应对抄袭者的策略：确保合作者拥有高质量的批量生产能力，加以培养和推广，同时确保内部拥有“Strix 技术”。

· 与中国各级政府合作，保护他们的知识产权（设计和专利）——需要一个专门的内部团队跟进。

尝试和你的团队成员一起进行如下实践活动：

针对 Strix 的发展现状以及行业竞争中所面临的局面，结合本章知识点，为其“当前问题”中列出的解决方法着手制定一份供应链风险评估报告。

思考练习题

1. 名词解释

①信息流、资金流与物流

②供应链文化

③牛鞭效应

2. 选择题

①以下属于降低采购成本的办法是（　　）

A. 批量折扣　　B. 变更供应商

C. 采购低质量、便宜的产品　　D. 细分产品线

②以下属于降低物流成本的办法是（　　）

A. 货物拆分运输　　B. 货物合并运输

C. 改变配送中心的数量　　D. 外包

③以下属于运营部门目标的是（　　）

A. 减少产能浪费　　B. 减少停工

C. 减少外包　　D. 提高预测准确率

④以下哪项供应链行为力量符合“创造力、改变力和灵活性的力量”（　　）

A. 整合者　　B. 开发者

C. 管理者　　D. 生产者

3. 论述题

①如何有效保持供应链中的三条“流”同步？

②试分析企业内部的物流部门、采购部门和运营部门是否会遇到部门利益矛盾或冲突的情况发生？

③试着通过构建供应链行为力量的方法，为一家管理混乱的快递企业改善运营现状。

第四章　优化供应链

学习目标

△熟悉供应链网络。

△理解供应链流程改进与创新的方法和技术。

△掌握构建供应链项目的方法。

基本概念

供应链网络；流程改进与创新；供应链项目

第一节　设计供应链网络

根据企业所提供的产品或服务，在设计供应链时，可能面临的选择包括：如何或在哪里采购材料或制造产品；企业可以选择不同的方式将产品交付客户。本章将讨论优化供应链的技术，如何通过跨职能项目实现对供应链的改进，确保以最可持续的方式为企业和客户创造最大的价值。

通常我们可以从把供应链看作一个网络来理解它的构成和元素。这个网络由节点和链路组成，如图 4–1 所示。产品从原材料到客户之间的每一站都是网络中的一个节点，工厂是一个节点，仓库、配送中心和零售店也是如此。节点之间通过链路连接。一般来说，链路在这里是一种运输形式，如船舶、铁路、卡车或无人机。产品在供应链中流动，在环节中流动，在节点上停止。

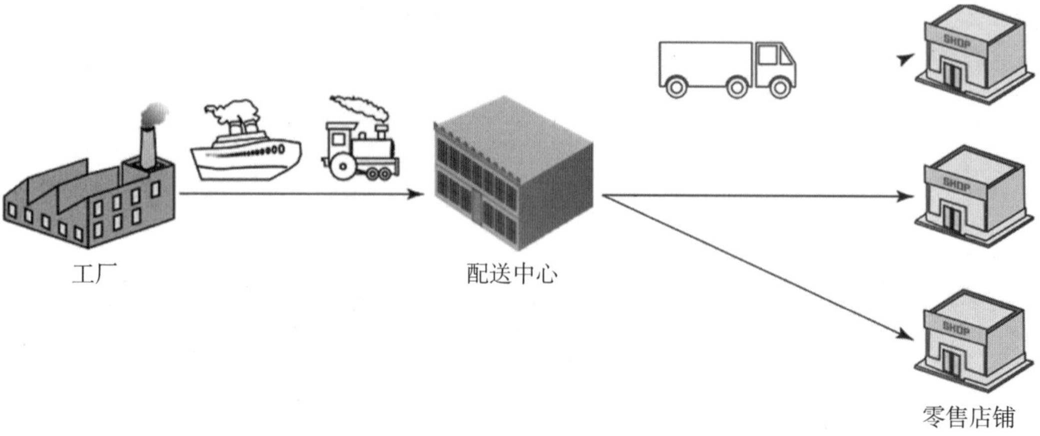

图 4-1　供应链节点和链路网络示例

任何供应链的目标都是以最低的成本产出最大的价值，实现此目标的一种方法是更改节点和链路。也许企业可以通过从不同的供应商采购原材料来降低成本，这意味着将改变企业的某一个节点。改变一个节点即意味着改变连接该节点到供应链其他部分的链路。对链路和节点进行更改或调整的行为称为网络优化。网络优化中有一种典型方法称为价值流映射(Value-Stream Mapping，VSM)。图 4-2 是一个简单的 VSM 示例。优化涉及的供应链越多，VSM 就会变得越庞大、越复杂。

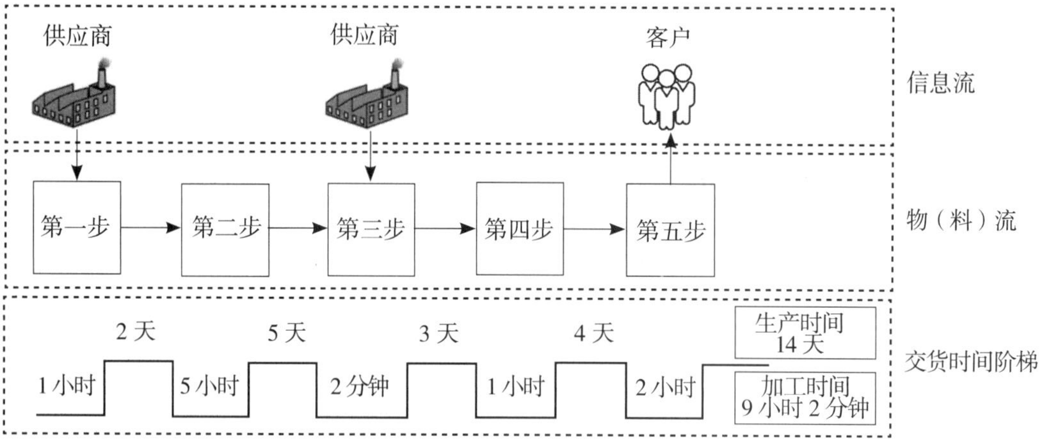

图 4-2　供应链价值流图析示例

价值流映射是精益制造的重要组成部分，网络优化则在更大的规模上进行复杂的数学分析。从电子表格（MS Excel）开始，到复杂的供应链建模工具，企业可以通过多种渠道和供应链软件平台来帮助分析供应链流程。具体来说，除了考虑采购材料和在节点之间运输的成本外，一些网络优化工具还可以考虑供应商绩效、关税和税率等变量。

第二节 流程改进与创新

在这里，我们将第一次同时也会很多次提到一个事实，即：供应链由人员、流程和技术组成。这三个组成部分都需要随着时间的推移进行改进，以保持供应链的竞争力。企业的领导层和员工都可以通过教育、培训和经验传授变得更好、更专业，通过硬件和软件的改进和迭代促成技术的成熟与广泛应用。

在供应链管理中，三种最常见的流程改进方法分别是：精益、约束理论和六西格玛。这些方法的目标高度一致，即流程改进，但三者关注的重点并不相同。表 4-1 强调了每种方法的关注点。

表 4-1　流程改进的三种方法

方法	关注点
精益	减少浪费
六西格玛	减少可变性
约束理论	缓解瓶颈

一、精益

精益是供应链管理的一种方法，它起源于丰田，这就是为什么很多人可能听说过它被称为丰田生产系统（Toyota Production System，TPS）的原因。精益背后的理念是，企业通过使用最少的时间、精力和资源来保持供应链的顺畅和平衡；实现这一点的最好方法是兼具逻辑严谨、严格遵守的流程和高效的沟通。因为精益起源于一家日本企业，所以精益生产的许多原则在起初都用日语来描述，但发展到现今，语言的局限性早已被全球化所打破，全球范围内的许多知名企业都在广泛地学习和采用这种方法。企业如果仅仅把精益理解为是一种培训计划或一套管理工具那就大错特错了。事实上，精益是一种管理哲学，一种看待企业如何创造价值的不同方式。为了让精益正常工作，企业里的每个人都需要一起努力，把这套管理哲学深埋于日常的管理行为和意识中，尽力去消除导致效率低下的三件事：浪费、运营中的不平衡、人员和设备负荷过重。

当企业确定需要创新或改进流程时，关键的利益相关者就会被召集到一起进行“改进”活动（在日语中“Kaizen”的发音和中文“改进”音似）。在“改进”的流程中，由利益相关者组成一个团队，观察流程是如何工作的，提出如何使其更好的想法，然后实施更改。

这听起来很简单，实际上也应该是这样简单，易懂易操作。虽然因为不同的商业文化多元交织，通常让人们很难清晰地说出自己的想法然后被原汁原味地理解，但像精益这样的方法有助于让每个人都参与进来。

TPS 的一个核心价值是员工必须受到尊重，因为所有员工都有自己的想法，为企业做出贡献。在精益方法中，有八种浪费现象，企业应该不断地从他们的流程和供应链中剔除。

（1）运输：无论何时把货物从一个地方运到另一个地方都是消耗时间和金钱的过程，TPS 认为在产品交付上的消耗越少越好。

（2）库存：任何时候，如果产品积压在库存中，即形成空间和流动资金的消耗与浪费。

（3）移动：任何时候，当在没有必要的时候移动某件产品，或者当“移动”不能使产品对客户更有价值时，此行为就是在浪费时间和金钱。

（4）等待：任何时候，企业必须等待一件事情发生，然后才能做其他事情，即是在浪费时间和金钱。

（5）生产过剩：如果生产的产品过多或在产品销售或使用之前即开始生产，即意味着浪费时间和金钱。

（6）过度加工：任何时候，如果做的事情没有增加价值，即客户不会为此买单，那就是在浪费时间和金钱。

（7）缺陷：每次生产出既不能使用又不能销售的产品，就会浪费时间和金钱。这也包括废料和返工。

（8）未开发的技能和员工的创造力：任何时候，如果企业不能吸引和激励员工来提供想法，实施改进，或发现浪费，就是在浪费（人力）资产，因为企业已经在为他们的“智慧”买单（工资、福利、工作环境等）。

其实，丰田最初确定了七种浪费，但随着精益在其他企业甚至全球范围的广泛应用，越来越多的专家现在已经意识到并达成共识——未开发的人的创造力，其重要性日趋显著，因此需要被列入为第八种浪费。

TPS 起源于制造业，因此它通常被称为精益制造，但该原则已逐渐被采用在零售、分销，甚至以服务为基础的组织。这也是为什么如今几乎每个行业中都能找到精益方案影子的原因。

二、六西格玛

六西格玛是一种建立在统计学基础上的流程改进方法，其基本观点是：变化总是不好的。当企业运作一个制造流程或供应链时，需要保持一致性和可预测性。如果没有一致性，生产出的某些产品可能对客户没用；如果具备一致性，也就是说，如果你有一个受控制的流程，企业的产品大概率是有用的，即受市场欢迎的。

一致性的流程造就高质量水平的产品。统计学家用偏离平均值的量来描述一个流程的变化。在这个数学方程中，用来表示偏差的符号是希腊字母 σ（西格玛）。任何一组关于流程的数据都有一定的偏差，但是 σ 越多，过程就越稳定。因此，六西格玛 (6σ) 的统计基础是大幅降低工艺可变性，以致缺陷只在六西格玛时出现，即每百万个产品中出现缺陷 3.4 次。

关于六西格玛，需要了解的重要一点是，其目标是产生非常少的缺陷，也就是说，由于流程中变化的减少而导致质量上的提高。企业可以通过监测流程和使用数学工具来帮助提高生产甚至管理上的一致性。

企业需要遵循五个步骤来应用六西格玛作为流程改进方法，这些步骤的英语首字母缩写是 DMAIC：

（1）定义（Define）;

（2）衡量（Measure）;

（3）分析（Analyze）;

（4）改进（Improve）;

（5）控制（Control）。

另一种用于设计新流程的六西格玛方法称为 DMEDI，其五步骤分别是：定义 (Define)、衡量 (Measure)、探索 (Explore)、开发 (Develop)、实施 (Implement)。

1. 定义

第一步是清楚地定义企业想要改进的流程以及为什么要改进它。在此阶段，企业需要构建一个商业论证，说明该项目为什么重要，以及需要哪些资源来完成它。构建商业论证的一个重要部分是从流程产出的对象——客户那里获得反馈，这种反馈被称为客户的声音 (Voice of Customer, VOC)。一个项目概况中一定要包括 VOC，并在六西格玛项目章程中进行总结。定义一个完美的项目章程可能比人们预期的要困难得多，但企业不要纠结于如何让章程变得完美；相反，只需要从一个粗略的章程草稿开始，说明企业要做什么，帮助企业理清思路，并从其他人（尤其是专业人士和顾问）那里获得意见。任何章程都只是企业流程管理的起点，随着项目的进展，适时做出更改并持续改进是完全可以实现的。

2. 衡量

第二步是测量企业想要改善的流程。因为六西格玛是一种数学方法，需要依靠所收集到的数据，在此基础上衡量流程是如何工作的，并计算出变化的量。进行良好的衡量是至关重要的，这样企业就可以在项目的下一个步骤中计算收益。如果企业的测量不准确，那么之后的改进努力可能会被误导并耽误。

3. 分析

收集到流程数据后，就可开始进行数据分析。在六西格玛的世界里，这种分析通常需要对统计有扎实的理解，并使用一些统计分析软件。一般来说，这些数据可以帮助企业确定流程中的变化，并显示这些变化如何影响企业产品的质量。数据分析可以帮助企业了解到底是什么因素导致了变化，也就是通常所说的根本原因，这样企业就可以寻找到改善流程的方法。

4. 改进

第四步是将企业从数据分析中获得的知识和信息付诸行动，通过做出更改来改进流程。这些更改可以同时发生，也可以随着时间的推移逐步推进。

通常，这一阶段会包括一些试点研究，以确保在整个流程中实施变更之前确认变更将要达到预期的收益。如果企业决定有数个改进需要随着时间而上线，那么可以在多代项目计划（Multi-Generational Project Plan, MGPP）中将它们进行排序。因此，企业可以把 MGPP 看作一个路线图，它显示了企业将要实施改进的前后顺序。

5. 控制

改进流程的有趣之处在于，有时当你不再关注它时，流程又会回到它改进之前的状态。在六西格玛中，最后一步是建立一个体系，以确保所做的改进成为永久性的。这一步通常包括执行持续的监测和报告，以证明改进仍然出现在它应该出现的地方，并随着时间的推移继续提供证据显示这种一致性。DMAIC 方法可以用于改进现有流程，DMEDI 则是用于设计新流程。

有很多教育培训项目可以帮助企业学习六西格玛，甚至会在企业和员工完成培训后授予证书。一般来说，六西格玛培训和认证分为四个级别：

（1）黄带：理解六西格玛的基本概念和术语，并能作为流程改进项目的一员做出贡献。

（2）绿带：对六西格玛有扎实的理解，并能独立领导流程改进项目。

（3）黑带：已经掌握了六西格玛，并且能够教授其他人如何管理流程改进项目。

（4）黑带大师：已经具备了极高水准，可以培训和监督黑带。

精益和六西格玛之间有太多的重叠成分，以至于有不少管理学家和学者把它们合并成一个词，叫作精益六西格玛。

三、约束理论

约束理论（Theory Of Constraint, TOC）是最简单、最强大的供应链概念之一。它的基本思想是，每个流程都受到某种约束的限制。换言之，一条链的强度取决于它最薄弱的环节，TOC 实际上是调整整个供应链，使其与流程中最慢的步骤以相同的速度运行。

有很多例子表明，“约束”实际上存在于我们周围几乎所有的流程之中。在高速公路上，许多国家会选择设置最高和最低限速，往来通过的汽车不可以超过此限速，这样做的目的是在确保人员和道路安全的同时保证车道畅行减少拥堵。在给浴缸排水时，水流出的速度会受到排水管大小的限制。医院门诊每天挂号的数量也是有限的，确保医疗资源的最大化有效使用。换句话说，一个流程中最具限制性的环节是对整个系统造成限制的环节。TOC 可以帮助企业的改进工作集中在“约束”上，因为这是企业可以对供应链产生最大影响的地方。

在找到“约束”环节之后，企业面临以下两个选择：

（1）放慢所有其他环节的速度，以便它们以与“约束”环节相同的速度运行。这将防止流程中环节之间的库存堆积。

（2）改进“约束”，使整个系统运行得更快。随着改进（可能通过使用六西格玛）的推进和继续，最终，它将不再是流程中最慢的环节。换句话说，它不再是“约束”。其他一些次慢环节成为限制流程的“新约束”，然后改进的循环再次开启。

埃利亚胡·高德拉特的小说《目标》使约束理论在 20 世纪 80 年代开始流行起来。Herbie 是书中虚构的人物之一，他的名字后来被采用为 TOC 术语，用来描述任何流程中的约束步骤。虽然寻找约束看起来是理所应当的，但问题是约束往往很难找到。当一个约束出现在一个流程的开始（如高速公路入口的限速标识）或流程的结束（如浴缸的排水管）时，这个流程可能是稳定的。当一个约束在流程当中的某个点发生时，这个约束可能会导致混乱。但是，除非企业从 TOC 的角度来看待它，人们可能不会看到一台机器的启动和停止实际上是如何导致整个供应链的效率低下、降低企业的整体产能的。

举例来说，假设企业供应链末端的客户，希望每个月购买 1 000 件小部件，但你们只能设法交付 750 件。那么，如何发现问题并解决问题，从而提高供应链的产能，向客户销售他们想要的产品呢?

从 TOC 角度出发，你知道整个流程中受到某个“约束”的限制，即流程中最慢的环节。所以，与其试图推倒重来，不如从中找出是哪一个环节减慢了整个系统的速度，然后加以改进。

第三节 构建供应链项目

项目是企业完成目标和实施改变的一种常见方式。由于供应链需要随时适应变化，项目管理已成为供应链管理的重要组成部分。供应链项目的一个绝对特征是它必须是跨职能的，它可能需要物流和运营经理、人力资源专家、信息技术专家和会计一起工作。这可能会带来沟通和工作量方面的挑战，因此首先企业需要了解供应链项目的特征，以及它们如何带来挑战；然后，企业需要有一套原则来帮助管理跨职能项目，并有效地应对这些挑战。

一、管理跨职能的项目团队

供应链贯穿整个企业，因此，供应链项目通常涉及来自多个职能部门的团队成员，包括业务开发、客户服务、运输、制造、信息技术、会计和人力资源等部门。

管理跨职能的供应链项目要求项目经理必须掌握影响力的使用，关注沟通，并帮助团队成员管理他们工作的优先级，以使团队受益。将具有不同专长和技能的人员聚集在一起参与一个项目团队是激发创新和加速变化的好方法。

当然，跨职能项目团队也面临一些重大挑战。对于项目经理来说，最常见的三个挑战是：权限、沟通和优先级。

1. 权限

权限意味着你有能力雇佣、解雇、奖励和纠正某人的权力级别。通常，项目中的核心成员同时还要向他们所隶属的部门经理汇报，因为他们仅仅只是被借调给了本项目团队而已。因此供应链项目经理很难直接解决绩效问题，因为他们没有这样的权力。如果项目经理没有管理团队成员的权限，那将需要依靠影响力来保持所有团队成员朝着同一个方向前进。

2. 沟通

任何领域的专家都有自己的工作方式、规则和语言。在供应链管理中，根据企业文化和工作环境的不同，同一个词可能意味着不同的东西。例如，运输企业（如轮船企业和卡车运输企业）将他们的客户称为托运人（shipper），而他们的客户经常使用发货人（shipper）这个术语来描述运输企业。项目经理需要能够清晰勾勒出沟通对象的正确表达含义，特别是在跨文化团队之中，对于同一事物的不同理解可能会给项目的推进带来不同程度的影响。

3. 优先级

当某人被要求参与一个供应链项目时，他/她可能正在忙于本部门的工作，或者可能同时正在参与数个跨部门项目。每个项目都需要耗费时间和精力，但所有这些都不会平均分摊到每一项工作和项目之中。为确保某个项目得到足够的支持以避免陷入麻烦，项目经理必须能预见潜在的问题，以便于做出调整和安排。例如，你可以与团队成员的部门领导达成一致，以确保你的项目有优先权；或者团队成员的领导可能会承诺团队成员每周在完成本部门工作之余，在项目中投入一定的时间。

这种优先级的设定与协商往往会走入死胡同，因为部门经理和项目经理都需要员工全力投入工作，这时项目本身的意义和价值以及项目背后的支持方的职位级别将影响优先级的安排，我们可以把这些支持方称为相关利益方。他们可能来自某部门的高阶职位，来自董事会的股东，或是来自关键供应商等。

二、构建跨职能项目计划

应对管理跨职能项目挑战的最佳方法之一是制定一个可靠的项目计划，这样可使每个人都有机会提供“投入”并捕获相关性。例如，在必要的设备交付和安装之前，人力资源部门可能无法开始对进入新流程的员工进行培训。一项综合的、跨职能的项目计划可以很容易地看到这些联系，并提供一个完成项目所需时间的更清晰的大局观。

项目经理可以使用许多方法来构建一个高度整合的项目计划，如：

（1）召集所有必要职能部门的代表一起召开会议。代表可能包括物流、运营、信息技术、人力资源和会计部门的人员。

（2）要求团队列出可交付成果的清单。可交付成果是项目必须产出的、经过明确定义的结果，用来判断交付产品是否优秀、客户满意度是否到达最优或次优、产品交付是否按时、客户投诉率是否低于 5% 等。

（3）要求团队为每个可交付成果创建一系列的任务列表。项目经理可能会征询团队成员的意见，如果要概述完成这个交付成果需要完成哪些步骤，每一个步骤就是一项任务。项目经理可以用一个结构化的任务列表（如图 4-2 所示），即工作分解结构（Work Breakdown Structure，WBS）来帮助完成任务。

表 4-2　工作分解结构示例

	序号	任务名称	负责人
	1	选择某地区配送中心的位置	赵承
	1.1	完成区域网络设计与研究	王伟
交付成果 1 →	1.2	选择三个地区进行潜在的场地研究	陈冰
	1.3	完成场地研究	李力
	1.4	将场地研究结果提交副总裁审核	赵承
	1.5	安排现场参观和考察	李力
	1.6	与开发商进行谈判	苏明
任务列表	1.7	确定选择最终场地	赵承
	1.8	法务部门协助合同起草	凌惠
	1.9	签订合同	赵承

（4）要求团队决定在一个任务开始之前必须完成哪些任务。任务之间的关系称为

相关性，其中需要首先启动的任务称为前驱任务，必须等待的任务称为后继任务。对于小型、简单的项目，企业可以手动跟踪相关性。但是在大多数供应链项目中，相关性使项目变得复杂，使用项目管理软件跟踪任务和相关性可以帮助企业避免错误并节省大量时间。

（5）评估时间线和赶工。相关性的存在通常意味着完成一个项目所需的时间比任何预期或认为合理的时间都要长。这时，项目经理需要寻找合乎逻辑的方法来缩短时间，这个过程被称为赶工。首先看看有哪些影响日程安排的任务，有哪些需要花费最长时间才能完成的任务。耗时最长的任务系列被称为关键路径。缩短项目时长的唯一方法是改变关键路径上的任务。也许有些任务不需要按顺序发生，相反，这些任务可以同时或并行运行，也可以相互独立。继续分析关键路径上的任务，直到形成一个对团队和项目支持方（或称为资助方）来说更为合理的时间表。

创建一个项目可交付成果和任务列表是相对容易的，可以借助办公软件来完成。但计算项目时间表和关键路径就是一项烦琐的工作，利用项目管理软件可以自动完成这项工作；尤其当你需要赶工一个项目计划时，这能节省下很多时间。

三、创建 RACI 矩阵

有的项目中团队成员数量较多，因为角色和责任不同，自然看法也会不同。项目经理需要清楚地了解每个人都在做什么，以确保所有的任务都能够完成。因此，提前设定预期目标远比之后在面对误解和冲突时再行制定容易得多。

对于项目中的任何任务，团队成员实际上能扮演的角色大致可以分为五种：

（1）无角色（No Role）：该团队成员与任务没有关联。

（2）通知（Inform）：该团队成员及时被通知结果的人员，不必向其咨询、征求意见

（3）咨询（Consult）：该团队成员应该被要求为任务提供咨询（包括：建议、意见、经验等形式协助），但该成员既不执行任务，也不做决定。

（4）负责（Responsible）：该团队成员负责帮助完成一项任务。比如当某任务需要有人来执行或做决定时，那么该成员负责完成该任务。

（5）批准（Accountable）：团队中是唯一一个负全责的人。该成员需要做决定甚至亲自来完成任务，或者他 / 她可能会督促团队成员来完成工作，只有经其同意或签署之后，项目才能得以进行。换言之，所有问题在这里必须得到解决，也正因此，该成员肩负的权力、责任和压力也是团队中最大的。

四、设计项目计分卡

跟踪项目进展的目的是要弄清楚什么是奏效的、什么是无效的，其中最重要的是为了确保项目能够正常运行，因此项目经理需要把资源集中在关键的地方。跟踪项目最有效的

方法之一是使用计分卡并定期更新，对于大多数项目来说，建议每周定期更新；对于进展较慢的项目，月度性或季度性更新也是可以接受的。众所周知，供应链上的情况瞬息万变，以至于按小时来进行更新在某些行业和特殊时期也越来越常见。

项目计分卡的设计应该让任何人都能一眼看懂项目是如何进行的，是进度提前、低于预算，还是进度落后、超出预算；所有任务是否按计划进行，或者计划外的风险是否将项目置于危险之中。

以下是通常包含在计分卡和每周更新的事项：

（1）主要可交付成果的状态：哪些可交付成果已经完成，以及它们是按时、提前或延迟。

（2）最近成就：自从上次更新计分卡以来完成的新事项。

（3）即将到来的任务：从现在到将来更新计分卡这段时间内团队将要处理的事情。

（4）风险和关注：导致问题或可能干扰项目的意外挑战和问题。

在计分卡中有了以上这些信息，就可以更容易地进行管理，奖励员工的业绩，并帮助他们应对挑战。如果项目成员能够明白正在发生什么、应该发生什么、可能会发生什么，那么项目经理就可以更快地、更好地做出最优的决定。然而，还有一些其他的信息有时会增加计分卡的价值，例如关于预算执行、质量评级和员工敬业度的信息。要建立一个完善的项目计分卡，关键是了解所需要跟踪的信息以保证所有成员的信息同步，从而确保跨职能供应链项目的成功。

五、使用 DIRECT 模型

最后要介绍的一种方法称为 DIRECT 项目领导模式。产生这种方法的想法来自这样一种认知：每一部电影或电视剧，无论演员多么出色，都需要一个导演，让每个人在正确的时间做正确的事情。企业的跨职能项目也不例外。DIRECT 模型是围绕领导者需要关注的六件事来建立的，以便帮助他们的团队成功地完成一个项目。

DIRECR 模型可以分为以下六个模块：

1. 明确目标

每个项目都应该从一份项目章程开始，清楚地描述项目的范围、计划和预算；确定项目发起人；并解释为什么这个项目很重要。项目章程有助于确保每个人对项目都有相似的期望，并可以防止范围蔓延（新工作后续可添加到项目中）。

2. 调查可用选项

在采用一种特定的解决方案之前，考虑一下实现目标的其他方法通常是一个好主意。尽早调查可用选项可以减少后悔的可能性，并确保考虑到足够多样性的观点，这些观点可能会影响供应链的决策。

3. 制定行动计划

当选项明确后，团队需要做出决定并继续推进。如果团队深陷于收集数据而不是做出决定和采取行动时，供应链项目可能会因此陷入瘫痪而停滞；反之，供应链项目也可能崩溃，因为团队在正确理解所有的相关性和风险之前就过早地运行。

制定行动计划是一种领导艺术，它包括探索和倾听，这样做能确保真正理解团队成员的优先事项和他们所关心的问题，同时帮助他们接受必要的妥协。

制定行动计划的最佳方法是让团队构建一个单独的项目计划，该计划可以显示所有任务之间的相关性。

4. 执行计划

当计划就位时，团队需要专注于执行计划。推进项目，使其按计划进行，并保持在预算范围内，特殊的技能都需要尽可能被使用到位。

当然，意外总是会发生，而处理意外需要时间和资金，而团队的信誉和项目的价值将最终决定项目能否最终按时完成。总之，执行计划需要专注、紧迫感和团队成员之间良好的沟通。

5. 改变系统

项目是关于改变供应链这个系统的工作方式。在做出变更之前，项目经理必须了解系统当前的工作方式和状态。这种理解一般来自团队为定义和调查项目所做的工作。作为项目经理还需要知道，当改变完成时，你期望系统如何执行来自团队为解决和执行所做的工作的未来状态。从当前状态到未来状态的改变不会瞬间发生，改变的实现同样需要计划。例如，如果在下周一启动一个新的配送中心，就应该考虑是否应该在本周五之前关闭旧的配送中心，还是同时运行两个配送中心 6 个月，以确保新的配送中心正常工作；还应该为改变过程中可能出现的问题制定计划，例如运输路径错误或设备不能按预期工作。

6. 转型

项目经理需要考虑运作系统的人选，以及所做的改变将如何影响到客户、员工和其他利益相关方的日常工作。如果项目最终势必会影响到这些人，那么便需要及时帮助他们为改变做好准备。无论什么时候事情发生了变化，人们都需要处理和接受这种变化。组织行为学专家威廉·布里奇斯博士研究了人们在应对环境变化时所经历的过程，他把这个过程称为转型。作为项目经理，要意识到在这个阶段转型和管理变化一样重要。变化是关于系统的，而转型是关于个人的。可以顺利转型到新角色、新责任、新职权及所有相应变化的人即是合格的项目组成员，如此才可能做到如本节内容一开始提到的成为在正确的时间做正确的事情的那个最佳人选，帮助团队成功地完成项目。

第四节 供应链优化的考虑要素

供应链是由个人、组织、资源、活动和信息组成的复杂网络，它们彼此同步工作，共同为生产或销售产品提供服务。

优化供应链的过程使企业能够最大限度地减少运营费用，同时最大限度地提高毛利润。供应链优化的目标是在预定的时间内、在指定的地点交付客户所需的产品，同时保持尽可能低的成本、产生尽可能高的利润，从而提供优质的客户交付和体验；与此同时，企业还必须确保利润能够平衡制造、库存、分销和运输的间接成本。

企业必须意识到供应链优化不是短跑，而是马拉松。供应链内部的中断和波动会影响整个供应链，并随着时间的推移改变投资 / 利润比率。原材料成本的简单增加或消费者人口结构的变化都可能需要优化活动的重大变化，因此，企业要迅速适应变化，优化供应链，以获得理想的财务回报。

供应链优化通常从对需求预测的深入分析开始，接着是产品开发和库存计划，以满足预测的需求。此外，优化分析还需要考虑所使用的原材料、制造过程、库存和仓储，以及成品的运输和分销。

以下是企业在实施优化流程时需要考虑的一些要素。

1. 应急计划

应急计划可以帮助企业找出可能影响业务的最坏情况。无论是恶劣天气、自然灾害、供应商停工、劳动力短缺，还是全球流行病，任何可能完全扰乱整个业务流程并危及企业的情况都需要有计划的应对。如果该计划已经处于就绪状态，企业则可以抢占解决事件或问题的先机，做出及时响应，并有专门团队负责处理相关事宜。企业内部准备越充分，对客户的影响就越小，也就意味着对于市场动向的把握越及时。一个考虑周详的应急计划，可以使企业在破坏性事件中以最小的内部调整和代价幸存下来。

2. 改善协作

改善制造商 / 供应商与零售商 / 市场之间的协作通常基于需求数据的预测和库存的优化管理。优化库存是缓解需求波动、有效预测和供应链各要素之间顺畅协作的最简单方法。

通过有效的库存管理、更好的订单履行率和产品或服务的高可用性，可以帮助企业迈向精益供应链，同时提高利润率。

3. 总拥有成本

需要注意的是，企业应该关注的是总拥有成本（Total Cost of Ownership, TCO），而不是采购价格。战略采购使企业能够了解消费产品或服务的全部成本，而不仅仅是采购成本。企业可以考虑授权采购团队管理运营、培训、维护、仓储、环境、质量和运输成本，以及挽救产品价值的成本，而不是简单地根据出价和最低价格来选择供应商。

4. 最小库存单位

针对最小库存单位（Stock Keeping Unit, SKU）的管理是指调查一个特定的SKU是否应该保留、停止使用，以及企业是否应该改变其库存状况。这样做可以使企业保持业务的灵活性，并积极地朝着改善资本和费用管理的方向努力。最终产品是整个供应链的关键要素之一，而SKU的实现则是成功优化的关键。

案例分析

基于代理商的城市物流优化方案评价仿真研究

本案例基于对哥本哈根城市货运的研究，其中城市物流的利益相关者，即承运人、接收方、城市整合中心和市政当局，被建模为自主代理。在研究中，满载着货物的长途运输船抵达这座城市。他们可以自己进入城市，或者将最后一公里的运输外包给整合中心，位于城市低排放区域的接收方发出交通订单，随后，他们必须花时间接收每批货物。此外，他们还需要提供增值服务，如储存、给衣服贴标签或收集废物。他们可能会将最后一公里的配送以及增值服务外包给整合中心，承运人和收货人的目标都是尽量减少他们的成本，必须决定是否外包给整合中心。

整合中心的目标是实现利润最大化，有效的路由和处理有助于实现这一目标，这反过来又要求它与尽可能多的用户进行协作。最后，市政府试图通过实施准入限制和补贴措施来减少货运对环境和社会的影响。

为了研究决策者之间的相互作用，还设计了一个基于代理商的仿真框架。

该框架将决策划分为三个层次。在战略层面，管理者制定政策，如补贴措施和卡车通行限制，这些决定会持续多年。在战术层面，战术决策最少也需要两个月的时间。首先，整合中心根据交易量调整其价格水平。随后，承运人和接收方决定是否外包给整合中心。在运营层面，每天的航线决策由承运人和集散中心共同做出。

通过基于代理的模拟，可以监测代理之间的相互作用、它们随时间的选择以及对财务和环境绩效指标的最终影响，特别是可以评价支持使用综合中心的行政政策的最有效组合。由于单个措施的效果通常不够，因此常常需要同时实施多个措施。例如，将对使用统一运输系统的承运商的临时补贴与对重型卡车的通行时间限制结合起来使用可能是有效的，而单独实施这些措施则影响有限。模拟框架能够在很短的时间内测试许多这样的组合。

这个案例说明，城市环境中的交通管理通常不能被视为一个单一行为体的优化过程，而应该从与其他行为体的互动的角度来看待,这些行为体都在努力实现自己的某些目标(包括财务和非财务目标)。

案例思考：分析城市环境中的交通管理是否能被视为一个单一行为体的优化过程？应该从哪些角度来看待这个优化过程？

案例实践

京东方

京东方电子科技有限公司是一家国有 TFT 液晶显示器制造公司，成立于 1993 年，目前是中国最大的本土电子科技公司。公司历史可以追溯到 20 世纪 50 年代，是一家在北京生产各种电子 CRT 产品的公司。公司在一段时间内积累了技术、生产经验和人力资源，并于 1995 年开始在 TFT 液晶领域进行探索，2001 年与 Hydis 合作推出了移动产品 STN-LCD，于 2003 年 1 月收购了韩国 Hydis。经过几年努力消化快速变化的技术，并整合生产资源和市场，京东方凭借其新的第五代生产线和新产品开发能力，成为中国的战略参与者。2003 年 8 月，京东方收购冠捷科技集团 26.36% 股份，成为冠捷科技第一大股东。冠捷科技于 1995 年收购飞利浦显示事业部后，京东方成为中国最大的显示器制造公司之一。

研发 / 设计

· 京东方基于长期的技术积累，拥有丰富的产品系列，包括用于 IT/ 电视（大尺寸）和移动产品（小尺寸）的 TFT-LCD、各种显示技术及相关产品、LED 和 CCFL 产品、CRT 和 VFD 产品。

· 研究领域广泛，包括 OLED 技术和整体解决方案系统集成。

· 京东方目前已开发了超过 250 项专利，涵盖了 TFT-LCD 行业的核心技术元素。

生产 / 供应管理

· 京东方的四个主要运营绩效指标:（1）最大限度地提高单个面板的生产率;（2）每天的盘点时间要及时;（3）最大化现金周转;（4）建立快速反应团队。

· 京东方在中国有 6 个生产基地，员工 1 万人。

· 北京生产基地拥有第五代生产线，产能 85 000 件 / 月；成都生产基地拥有年产 3 万件的 4.5 代生产线。

· 京东方通过多宗国际交易，拥有较强的技术转移能力和并购整合能力。

· 与中国台湾地区的 TFT–LCD 制造商不同，京东方尚未进入上游关键零部件领域，其核心零部件严重依赖供应商。它对上游供应来源的依赖可能是一个战略弱点。

销售 / 服务

· 由于京东方拥有冠捷科技，从而拥有稳定的客户基础，以确保其 TFT–LCD 生产的稳定需求。

· 公司还有用广泛的客户，包括三星，LG，戴尔，惠普，联想和 AOC/ 冠捷，共同达到 80% 的产量，另外 20% 供应给海信集团。

· 京东方与战略联盟合作伙伴共同开发部分核心 IP/IC 驱动。

当前问题

· 行业正在经历非常迅速的变化。一个关键的挑战将是它在复杂性和快速创新方面应对技术需求的能力。

· 需求是不稳定的，这要求运营部门反应更快、更具创新性。

· 与 AUO、CMO、LPL 和夏普等全球公司相比，京东方仍然是一个规模较小的公司。如何在这个行业增长阶段实现快速增长？如果行业出现下滑，该公司如何生存？

· 未来的技术要求行业中的每个参与者都有强有力的生产计划，京东方的研发能力仍然相当有限，公司需要对未来进行更多的战略规划。

尝试和你的团队成员一起进行如下实践活动：

针对京东方的发展现状以及行业竞争中所面临的局面，结合本章知识点，为其“当前问题”中列出的解决方法着手制定一份供应链风险评估报告。

思考练习题

1. 名词解释

①精益

②六西格玛

③约束理论

④ RACI 矩阵

⑤项目积分卡

⑥ DIRECT 模型

2. 选择题

①以下符合 TPS 中强调的“企业从事的活动没有增加价值，即顾客不会为此买单，那就是在浪费时间和金钱”的是（　　）

A. 运输浪费　　B. 移动浪费

C. 生产浪费　　D. 过度加工

②文中提到的（两种）六西格玛流程改进五步骤，均不包括（　　）

A. 定义　　B. 测量

C. 分析　　D. 监督

③六西格玛培训和认证级别包括（　　）

A. 黄带　　B. 红带

C. 绿带　　D. 黑带

④以下属于 DIRECT 模型内容的是（　　）

A. 明确目标　　B. 调查可用选项

C. 绩效测量　　D. 转型

3. 论述题

①试着理解和运用约束理论为我国大型城市交通拥堵问题进行研究和方案制定。

②企业在使用 RACI 模型管理供应链团队的过程中，角色与责任的划分如何保持高效与凝聚力？可举例说明。

③企业在采用精益制造的过程中可能遇到哪些困难？如何解决？

第五章　连接供应链流程

学习目标

△了解供应链流程。

△熟悉 SCOR 模型。

△理解建立流程衡量标准的方法。

△掌握构建正确的供应链的方法。

基本概念

供应链流程；SCOR 模型；流程衡量标准

第一节　重新理解供应链流程

供应链管理发展至今已经不再是一个单纯的理论模型或概念，正相反，由于许多流程都没有官方统一的规则或标准，各个领域的供应链都在尝试拓展延伸到一个全新的领域。在过去的十多年中，很多企业包括知名财团一直努力合作尝试开发一个全新的共享框架，称之为供应链运作参考模型 (SCOR 模型)。由于这些企业已经开始将 SCOR 模型纳入他们的管理系统中，所以对于所有供应链从业人员而言，可以就供应链中真正发生的事情进行更有效的沟通变得更加容易。

我们在这里可以将供应链流程定义为产品或服务增加价值的任何活动或一系列活动。例如，制作汉堡包是一个供应链流程，因为客户愿意为切片面包里夹着生菜番茄和熟食肉饼支付比单独食材更高的价格。任何增加价值的东西和任何以客户愿意支付的方式移动或改变产品或服务的过程都是供应链流程。

当你开始从流程的角度思考供应链时，你就会开始更清楚地看到所有的部分是如何组合在一起的。在企业生产或制作产品之前，都有一个订购组件的流程，然后是制造流程、销售流程和交付流程。供应链中的每个流程都依赖于其他流程并与之连接。供应链流程从来不独立存在，它们都是相互依赖的。尽管大多数供应链流程的细节在不同的行业和企业之间差异很大，但事实证明，大多数供应链流程都可以分为以下六类：

（1）计划；

（2）采购；

（3）制造；

（4）交付；

（5）回流；

（6）强化。

以上这些是典型的供应链流程，它们不能绝对地解决供应链中所做的所有事情，但确实涵盖了创造和交付价值所必需的大部分重要步骤。

第二节 SCOR 模型

现在我们回到本章一开始介绍的 SCOR 模型，它作为一个框架，企业可以使用它来绘制任何供应链中的流程。它包含了前面提到的六个典型流程，这些流程是为客户创造和交付价值所涉及的关键活动。因为每个流程都包含许多级别的子流程，所以它们有时被称为流程组。

首先，所有的供应链活动都应该有一份详细计划，用来整合、管理各流程间的相互联系。其次，企业可以遵循供应链逻辑顺序，从采购——确定在哪里购买材料，到制造——确定在哪里用什么方式制造产品，再到交付——确定如何将这些产品交付到客户手上。到此为止的三个流程的任何节点上，企业都有可能需要将一些产品再次送返供应链，因此返回流程简称回流位于所有这些流程的下游。

因为 SCOR 模型是用来描述供应链的，而不仅仅是某一个企业，这些流程也必须与企业的客户和供应商联系起来。因此，企业的“采购”流程与供应商的“交付”流程相连接。为了使所有这些工作顺利进行，企业需要适当的人才和信息技术来启用这些流程。图 5–1 显示了这些流程如何在企业内部互相连接，以及它们如何将企业与供应链的其他部分连接起来。

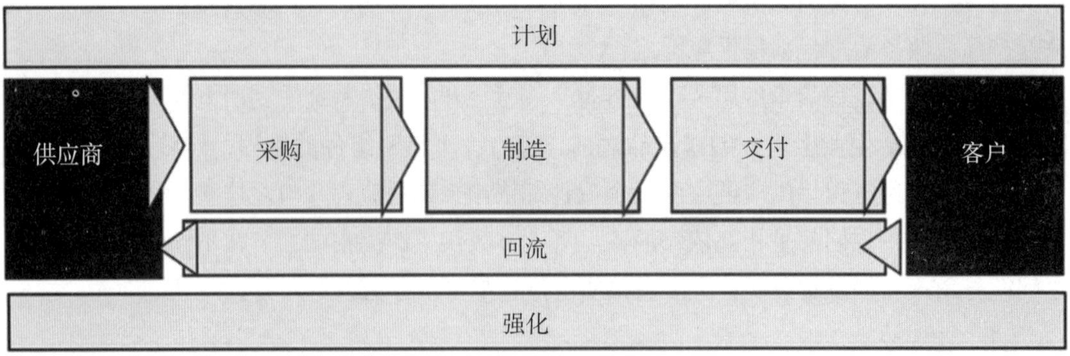

图 5-1　供应链运作参考模型

多年来，各咨询企业、相关分析师和不同行业都开发了符合自身业务特点和属性的供应链流程模型。这些框架可能使用不同的术语或命名来准确描述各自领域的供应链特征，但它们从根本上而言，都包含与 SCOR 相同的概念。例如，咨询分析企业 Gartner 在他们的供应链人才属性模型中包含了类似的流程步骤，但他们增加了新产品开发和客户管理作为额外的流程；美国国防部将其流程框架中的“制造（Make）”替换为“修复（Repair）”。因此，当你学会理解 SCOR 模型的原理时，再去理解基于模型的变化和延伸就会相对容易。

为了更好地说明 SCOR 模型是如何工作的，我们再次用到前文中提到的汉堡店的供应链为例。表 5-1 显示了 SCOR 框架的顶层流程如何帮助企业思考需要解决的问题。

表 5-1　供应链 SCOR 模型顶层流程示例

流程	描述
计划	需要估计生产多少汉堡包，并决定在哪里生产以及供应链的优先事项是什么。可能需要选择是专注于质量和新鲜度、客户服务和便捷性，还是低成本。这些选择将影响你在整个供应链中做出的其他决策和权衡。
采购	需要决定在哪里购买食材和用品。需要与供应商谈判，以获得最好的价格，以及最好的质量和服务。通常，供应商在附近可能会更好，这样运输产品又快又便宜；或者选择距离较远但能以较低成本或大量提供产品的供应商也会非常划算。
制造	需要管理制作汉堡包的流程。定义制造流程的各个阶段，以及每个阶段需要多长时间，这将会很有帮助。可能还需要决定是否应该手工制作汉堡包，或者是否可以购买一台机器，从效率和准确率角度上而言，机器操作代劳会更高效和便宜。
交付	需要管理把汉堡送到客户手中的物流。这意味着需要确定雇佣多少员工、采购多少设备来确保人流高峰期（如上下班高峰或午餐时间）排队下单和等餐时间不会过久。虽然国内的快餐连锁企业都已经基本落实线上下单免排队的服务，但是对于老年人或其他特殊群体，常规排队点单仍然不可以轻易废弃。另一种快捷的交付方式是外卖。外卖小哥的取餐和送餐速度以及保温效果决定了客户对于交付的整体满意度。汉堡快餐店在交付这一流程下其实已经涉及了相关外包服务的配套选择。

续表

流程	描述
回流	对于许多产品来说，重要的是要考虑客户使用完它们之后会发生什么。对于大部分制造型企业来说，回流的成本极高而且很多回流是基于产品质量和安全因素。以汉堡店为例，你需要考虑食材新鲜度、包装完整性（不洒漏）等情况。除此之外，需要考虑回收和清洗托盘和垃圾分类等。
强化	最后，需要决定为了使供应链正常工作还需哪些可以强化企业业绩和绩效的举措，包括雇佣具有特定技能的个人或企业，比如市场调查、环保行为、餐评反馈、食材和菜单本土化设计方案（饮食习惯、口味、宗教、餐具选择等），因此关键是要考虑如何获得这些服务以及如何评估他们的表现。为了实现供应链的目标，可能还需要其他流程，如会计和审计制度以保障合规性的落实与遵守。

从这个例子中可以看到 SCOR 模型如何帮助企业深入了解供应链流程并做出选择，以及这些选择将如何影响供应链的设计。使用像 SCOR 模型这样的流程框架，可以帮助企业在供应链中做出精确的权衡并确保决策与客户所重视的结果相匹配。但更重要的是，使用流程框架使企业能够识别并关注对有效管理供应链至关重要的指标。

在分析供应链流程是如何工作时，通常企业会选择采用 SIPOC 分析法。它由供应商（Supplier）、投入 (Inputs)、流程 (Process)、产出 (Outputs) 和客户 (Customers) 的英语首字母 S、I、P、O 和 C 构成：

（1）供应商由向企业提供流程投入的人、群体或系统构成。这可能包括硬件供应商企业，也可能包括提供必要数据管理支持的计算机系统或其他软件供应商。

（2）投入包括进入进程的对象，如系统或机器设备等任何东西，通常还包括原材料、部件、包装材料、信息（流）和说明指导。

（3）流程可以是一个计划流程（比如设定库存目标），也可以是一个执行流程（比如在交付中心拣选商品）。

（4）产出是指流程的产物，包括流程应该交付的产品或服务，也可能包括信息。在许多流程中，产出也包括浪费。

（5）客户由使用流程产出的人、群组或系统构成。SIPOC 中的客户不一定是购买成品的客户。

SIPOC 分析法有助于显示供应链中每个环节之间的依赖关系。要具体说明 SIPOC 分析法的一个办法是去查看在交付中心拣选订单的流程。

（1）供应商包括负责库存入库的收货部门和负责库存跟踪的仓库管理系统。

（2）投入包括储放在库存中的产品以及关于在仓库中找到该产品的说明指导。

（3）在此情况下，流程指的是从库存中拣选物品，或者可以分解成更详细的步骤，如打印提货单、前往第一个提货地点、将物品放入推车 / 托盘等。

（4）产出包括经过拣选的对象（部件、半成品或成品）、交付的地点以及完成流程所需的时间。它还可以包括在提货完成时更新仓库管理系统，并为货物编制装箱单。

（5）在这种情况下，客户即运输部门，它负责供应链中的下一个流程。

这个例子表明，企业可以将供应链视为一系列的 SIPOC，来自一个流程的客户即是下一个流程的供应商。例如，运输部门是拣选过程的客户，但在下一个流程中运输部门即是供应商，运输供应商则是客户。

第三节 建立流程衡量标准

在定义供应链中的流程之后，下一步是决定如何衡量它们。衡量标准的设定可以很大程度地减少流程运行状况判断等方面的主观性，将所有人的注意力集中到真正需要关注的客观事情上。

在许多情况下，企业会采用定量的衡量标准，这意味着它们更容易衡量和验证数据的客观性。例如，一个流程完成所花费的时间、单位时间内生产的产品数量，以及它所花费的资金数量都是量化指标。

在其他情况下，指标可以是定性的。例如，客户对流程的满意度、流程的便捷性，或者客户推荐和指定流程的可能性有多大。这些指标非常重要，但事实上它们很难用统一的标准去量化和衡量。这些依赖于某个人或团队的判断或意见的指标是定性的、主观的，因此，当然也会存在明显偏差。

有些供应链流程适合定量衡量，有些则适合定性衡量，还有一些适合定量和定性的同步衡量，关键是企业的选择能否帮助自身了解流程运行情况以及它是否提供了增值或减少浪费的可能与机会。

比如在快餐店，以下三个指标可能非常有用：

（1）“订单到交付”周期：顾客从下订单到收到食物所需的时间。

（2）订单熟练度：按客户要求（和付款）准时交付订单的百分比。

（3）净推广者得分：顾客对自己的体验非常满意并愿意向他人推荐这家餐厅的比例。

需要注意的是，“订单到交付”周期和订单熟练度都是量化指标，它们是基于客观的数据；而净推广者得分是一个定性指标，它衡量的是客户的感受，因此是基于主观数据的。

正因如此，企业最好结合使用定量和定性指标来了解供应链到底表现如何，以及哪里还存在改进的可能。

第四节 常见供应链标准和关键绩效指标

一、现金转换周期

这个供应链指标将帮助企业计算将资源转化为真正的现金流所需的时间长度。利用三个核心比率库存天数（DOI）、应付账款天数（DOP）和应收账款天数（DOR）将现金转换周期（Cash Conversion Cycle）KPI 可视化，明确了企业向供应商支付现金和从客户那里收到现金之间所需的时间。转换周期是越短越好，这个宝贵的供应链指标将帮助企业采取正确的措施，以确保可以以更少的资金运营业务。

二、运费单准确性

从供应商到仓库或仓库到消费者的运输和货运对整个运营的成功至关重要，任何问题或错误都可能造成时间和投资的浪费。

运单计费准确性对企业盈利能力和客户满意度至关重要，因此跟踪这一特定指标将帮助企业发现不利的趋势，提高企业的整体运输准确性，并最终帮助实现业务增长。

运费单准确性的计算方法:（无差错运费单 / 总运费单）×100。

三、完美订单率

该标准是在众多行业中运营的企业最关键的供应链 KPI 之一。完美订单率衡量的是企业在无事故情况下成功交付订单的能力，这最终将帮助企业解决诸如不准确、损坏、延迟和库存损失等问题。完美订单率越高越好，因为这个 KPI 直接影响企业的客户保留和忠诚度水平。

四、应收账款周转天数

“应收账款周转天数”衡量的是企业能够多快地从客户那里收集货款或产生收入。

从本质上讲，数值低或健康的“应收账款周转天数”意味着企业需要更少的时间来收集其应收账款;“应收账款周转天数”数值越高，说明公司向客户赊账销售产品需要更长的时间才能获得实际收入，这可能会阻碍现金流，并将整体利润降至最低。通过经常性计算，你可以更快、更有效地获得收益，从长远来看，这将有助于提高企业的底线。

五、存货周转

这是当今最有用的供应链 KPI 之一，旨在帮助企业了解其整个库存在一定时间内的销售次数，是高效生产计划、流程策略、履行能力以及营销和销售管理的一个非常重要的指标。通过计算企业的准时发货率，并将其与行业内的其他竞争对手进行比较，你将能够创建一个清晰的管理报告实践，了解你的立场，并采取适当的行动，随着时间的推移来改进它——这将提高品牌权威，并提高企业的底线。

六、投资毛利率回报率

每个企业，无论是服务型或生产型，都努力为其所从事的每一项商业活动实现最佳投资回报。保持持续稳定的投资回报率是企业成功的基石。

投资毛利率回报率（Gross Margin Return On Investment, GMROI）是一种存货盈利能力评价比率，它分析企业将存货转化为现金的能力。它是通过毛利率除以高于存货成本平均库存成本来计算的，经常用于零售业，所以也被称为库存投资的毛利率回报率（GMROII）。通过每月跟踪此 KPI，企业将快速了解库存中哪些项目表现较差、哪些项目更值得投资。

七、仓储成本

成本分配和库存的时间和空间管理对于建立一个健康的供应链至关重要。虽然这些成本因仓库而异，但重要的是衡量这一指标并定期审查，以确定机会并减少不必要的成本。仓库设施的管理包括各种成本，如人工成本、仓库租金、水电费、设备成本、材料和信息处理系统，以及与供应、订购和储存货物相关的成本。

要使成本保持在较低的水平，首先要充分了解仓库设施中发生的所有流程，以及它究竟是如何运作的。这样，企业将有更好的机会减少不必要的成本，并引入更有效管理操作的步骤，在需要时进行调整。此外，如果企业可以在专业的仓储管理系统和软件的帮助下收集和整理信息，将有机会做出更快、更准确的商业决策。

八、准时装运

该指标表明企业可能需要多长时间将特定类型的订单发送给客户或合作伙伴。此 KPI 将允许你设置相对于每个产品的基准发货时间，这反过来将允许优化运输和交付流程，减少周转时间，并提高客户满意度水平。

九、交货时间

交付时间是供应链的关键绩效指标（KPI），它衡量从订单发到客户地址所需的时间。

订单需要正确准备，并在合理的时间内到达目的地，否则，一般的服务可能会受到影响。

降低交货时间并精准通知客户货物或产品将在何时交付是有意义的。比起 1~5 个工作日，最好说明货物会在 4~5 个工作日到达。

企业也可以提供特殊的送货服务来缩短送货时间，这对提升客户满意度是有很大帮助的。企业甚至可以在专注于供应链绩效的仪表板中包含供应交付指标，并更密切地监视它，这也会对企业更好地管理该 KPI 带来持续性的数据和改进依据。

十、存货销售比率

库存是供应链中最重要的资产和管理对象之一，这一指标衡量的是库存销售数量与实际销售数量的比较，以比率形式表示。

这个比率有助于在企业的库存和相应的商品销售之间建立平衡的关系。产品需求不可预测的变化会使库存持续更长的时间，迫使企业产生额外的存储和维护成本，这最终会侵蚀企业的利润。

在供应链中，有效地维护库存是一个至关重要的方面。当企业拥有大量库存时，就有可能无法出售它们，从而降低企业运营的效率。为此，为了保持有效的运营，公司需要以这样一种方式来保持他们的库存，即库存不会太多或太少。

净销售额的计算方法是从总销售额中减去公司返还的任何销售额。

使用平均库存，可以覆盖任何季节性影响，可以通过将开始和结束库存相加并除以 2 来计算。

所有需要计算净销售额和平均库存的数字都可以在公司的损益表和资产负债表上找到。

低库存销售比意味着销售额高、库存低，这表明业务表现出色。换句话说，低库存与销售比率意味着企业可以通过销售的方式迅速清理库存。这显示了公司运作的效率，从而导致盈利的机会很大。

高库存销售比意味着与销售速度相比，企业的库存显著增加。这也可以解释为库存的商品不符合客户的口味和偏好，导致销售额下降。当库存高时，企业可能会产生存储和维护成本，这将降低企业的利润率。

十一、填充率 / 订单履行率

填充率，也称订单履行率（Fill Rate），是指在任何给定时间内，企业能够在不断货的情况下满足客户订单的百分比。一个强大的填充率应是 100% 或接近 100%，这意味着你能够完成所有的批发销售，而不会出现缺货、延迟订购或销售损失。

使用填充率公式简化了库存预测，这是使用历史数据评估未来库存需求的过程。低填充率表明没有足够的库存或库存组织不良，而填充率高于 100% 可能表明订购过于频繁。

企业的填充率百分比也可以用来发现供应链中的“牛鞭效应”。“牛鞭效应”描述了供应链末端需求的变化如何导致整个供应链其余部分的差异和变化。

供应链客户层面的需求增加或减少都会迅速导致填充率的改变。通过迅速注意到这一点，企业可以调整采购频次或方式来减少经济损失。

定期计算填充率可以发现供应链中的弱点。如果你的某个供应商交货时间过长，立即解决这个问题可以提高你的填充率，以确保客户满意。

填充率还可以说明当前的重新排序点是否正常工作。例如企业的重新订购点是订购新库存的预定义间隔，获得正确的再订货点对于防止延迟发货和保持利润至关重要。

十二、按时足额交付

按时足额交付（On Time and In Full Deliveries, OTIF）是评判供应链强大的一项关键KPI，它可以让企业在设定的时间范围内全面了解自己的交付绩效。实现客户或顾客的期望对企业业务的持续成功至关重要。作为最具洞察力的供应链效率指标之一，OTIF 将确保企业的订单按时足额完成。

基于诸如正确的产品是否交付到约定的质量标准、完成正确的数量以及交付到约定的目的地等因素，此 KPI 将帮助企业持续优化性能。如果企业的平均准时交货率滞后，可以使用这个指标来确定影响因素，并制定战略决策来调整内部策略或与更可靠的供应商合作。

供应链中的企业可能对这一指标有着不同的看法，也因此有不同的方法来衡量 OTIF。

衡量按时交付时间的一种方法是根据平均交货时间来衡量企业按时交付的频率。这给了企业业务最大的回旋余地，但却不是最好的客户体验。

定义准时交货时间的另一种方法是衡量企业满足客户期望的交付日期并交付他们所需的频率，这是衡量准时交货的最真实标准。从客户的角度看，交货时间可以提供最好的客户体验，并为企业赢得回头客。

如果企业的 OTIF 没有达到需要的水平，就需要分析企业的整个流程和企业为客户设定的期望。

提高 OTIF 的主要方法是减少循环时间，这意味着企业可以更快地完成工作并更快地交付订单。减少周期时间可以让企业有更多的回旋余地，可以更早地开始发货，并最终接受更多的订单，直到企业的 OTIF 达到了所需的水平。

为了改善周期时间，企业应该监控和管理瓶颈，消除不增加价值的活动，减少设置活动，资助增加价值活动的改进，并增加班次或工人以提高生产能力。严格遵守精益生产原则，可让企业在这个方向上走得更远。

例如，可以改进码头或仓库的布局，以便将货物的搜索时间最小化；确保在每个工作区都有足够的工具可以用来装卸搬运，方便从工作流程中移除库存堆；确保工人跟上进度，并在看到缺陷时立即报告。

最后，企业还应该确保在客户眼中已设定了明确的期望。明确承诺的日期，并确定一个能实现的日期。客户越了解企业能提供什么，以及能多快做到，他们就越不会感到沮丧或提出不切实际的要求。

第五节 构建正确的供应链

企业管理者需要明白任何行业都不存在一条绝对完美的供应链，供应链的表现或者绩效取决于很多因素。供应链好坏之间有着明显的区别，一条好的供应链总是会给客户期待的价格（通常指低于市场均价），同时留下足够的利润空间给自己。

实际上，设计和管理一条既可以盈利又能满足客户期望的供应链非常困难，原因有几个。

首先，企业需要面对一个选择，是愿意花费更多成本来满足客户以实现订单还是宁可让客户失望。

其次，随着时间的推移和业务的不断发展，企业的客户优先级将发生变化，因此企业的供应链将需要适应这些变化。

我们可以从以下四个目标来帮助评估应该如何设计供应链：

（1）产能；

（2）响应能力；

（3）柔性；

（4）成本。

所有这些目标都很重要，但许多供应链决策将不得不在它们之间做出权衡。

要了解这些因素对供应链的重要性，可以对它们进行排名。

例如，企业可以创建一个图表，如图 5-2 所示，显示这些因素对客户的重要性。在这个图表中，越靠右的星星表示供应链属性对客户越重要。以这种方式确定供应链目标的优先级，可以帮助团队中的每个人都了解如何使供应链满足客户的需求，同时使企业获得利润。

图 5-2 供应链目标

一、产能

产能指的是企业的供应链在给定的时间内能够生产多少产品或提供多少服务。供应链管理的主要目标之一是为客户提供他们愿意购买的尽可能多的产品或服务。如果你没有足够的产能，客户将无法获得他们想要的产品，从而迫使他们从你的竞争对手那里购买；但如果企业有过剩的产能，就会在没有产生回报的情况下占用资本。因此，保持产能平衡至关重要。

与产能密切相关的是称为可获得性的概念。可获得性是指在客户需要时提供产品或服务的能力。比起关心你的供应链产能高低，客户更在意的是产品或服务的可获得性。企业关注产能，是因为所拥有的产能越高，就越容易保证高可获得性；反之则会导致可获得性变低，这意味着客户在他们需要的时候无法得到你的产品或服务。

二、响应能力

响应能力是衡量供应链向客户提供产品或服务的速度。基本上，响应性的衡量从客户下单开始到产品交付给客户结束。

一些产品，如船舶和飞机，可能需要数年时间来设计和建造完成。这些产品的供应链反应不是很迅速，更不用说细节上的修改和调整；而披萨这类产品可以在大约 30 min 内制作完成并送到顾客手上。从中可以看出，响应能的力不同，取决于供应链交付的产品类型。

响应能力通常是区分竞争对手的关键因素。下游客户通常在需求市场需要某样东西的时候去向你采购，所以反应最快的企业，也就是能最快交付产品的企业，拿到订单的机会自然更大。供应链响应对于驱动企业收入增长很重要，因为它通常是影响客户购买决定的一个关键因素。

三、柔性

柔性是指衡量供应链对客户需求变化做出的应对和调整。如果客户总是想要相同数量、相同交付间隔的相同产品，那么供应链管理就会简单得多，但现实世界绝不会如此简单。

需求的变化包括不确定性或者风险，这是供应链上的各个环节都普遍存在的。需求的不确定性程度会推高供应链管理难度和成本。

例如，在上一周大家都在汉堡店购买薯条，但在本周，大家似乎都在买奶昔和鸡翅，却没什么人再热衷于薯条。因此，如果你是汉堡店店长，你该如何应对这种需求的变化呢？无论这些变化是在加剧还是减缓，无论这种变化是短期的、不可持续的，或者是长期的、持续的，管理者都需要分析造成变化的原因是什么，如：质量、效率、消费习惯、口碑、气候变化等所有内外部因素，然后着手对供应链进行柔性设计和调整。

在供应方面，供应链的上游供应环节也需要有柔性。换句话说，假设你的某个供应商的产品可获得性正在变低，你的供应链必须为保证你的客户价值而不得不要求供应商作出柔性调整，哪怕最终要更换掉这些供应商。

打造一条柔性供应链，往往会由内部柔性推向外部柔性，即由柔性加工转向柔性生产再转向柔性供应，直至柔性调整可以覆盖变化趋势和程度。

四、成本

成本是指运作供应链所需的资金投入。供应链管理需要以尽可能低的成本提供客户所需的产能、响应能力和柔性。成本指标是对供应链管理的终极考核。企业的目标是为客户创造价值，企业在实现目标上的投入越少，资金回报就越大。

供应链的成本构成非常繁杂，大致包括：订货成本、购买成本、存货持有成本、仓储成本、运输成本、管理成本、交易成本、资金转移成本、信息成本、生产成本、财务费用和经营成本、供应链相关的机会成本和供应链整合成本。

一些战略思维走在较前沿的企业，会把成本管理视作企业文化的一个重要组成。他们试图在企业内部营造出强烈的成本意识，所有企业员工都要自觉维护供应链成本，还应尽可能地督促同一供应链中的其他企业控制成本，例如通过革新来降低成本、提高质量和节省时间，同时强调成本管理的可持续性，避免短期行为。

案例分析

EL-O-Matic 企业的供应链制造能力

1973 年，EL-O-Matic 企业在荷兰小镇波恩成立，主要从事设计和销售气动铝制动器。1981 年，企业迁至亨格洛市。1990 年，企业为在亨格洛的主要生产设施雇用了大约 100 人，而小型生产设施和 / 或销售办事处则设在英国、德国、美国和印度。EL-O-Matic 从 1981 年销售 11 万个气动制动器开始，到 1990 年它的销量到达约 11 万个气动制动器和 1 万个电动制动器；1995 年，销量进一步增加到 17.7 万个气动制动器和 3 万个电动制动器（其中 25% 在美国，10% 在远东）。因此，早在 1988 年，EL-O-Matic 就在重新思考其制造战略。

EL-O-Matic 企业的产品具有明显的家族结构特征，它将制动器分成 12 种基本类型（尺寸），每一种基本类型都可以大量的变体形式交付。制动器最重要的部件是外壳、两个活塞、两个端盖和传动轴。制动器的多样性（变体）在很大程度上是由其外壳决定的，因为这些部件必须适合客户的特定设备。

关于常规规划程序，每个月 EL-O-Matic 都会在产品系列层面发布未来 13 周（一个季度）的销售预测。这个产品族对应于上述的基本制动器类型，并进一步区分为英国和欧洲大陆制造的产品，形成 24 个不同的产品族。该企业总共需要 9 周的交货时间，其中 3 周用于采购原材料（基本外壳、轴和盖子，同一产品系列中的相同），2 周用于一些基本部件制造操作（独立于变量），4 周用于特定变量操作、一些精加工操作和制动器的组装。EL-O-Matic 向客户承诺四周交货周期（不包括发货和安装），前五周之中相对较低的多样性使企业能够使用预测来决定初始产量；只有最近 4 周的生产（包括特定于变量的操作）是基于客户订单的。

在 20 世纪 80 年代末，面对产品数量和混合结构的快速增长，企业意识到需要额外投资的必要性，特别是在金属切割能力方面。企业在经过仔细考虑后，决定安装一个灵活的制造单元，在制动器外壳上执行一些不同的特定加工步骤。此外，该企业在交货期方面也面临着严峻的压力，因此企业决定使用一个柔性制造系统 (FMS)，用于执行机构外壳上的一些不同的特定加工步骤。FMS 由三个 CNC 加工中心组成，由一个托盘运输车辆和一个集成的托盘缓冲系统连接。每台机器都配备了一个带自动换刀装置的刀库，而一个工具机器人则提供了中心工具库和刀库之间的连接。

FMS 的使用使 EL-O-Matic 大大缩短了企业的总体交货时间。生产过程中由预测驱动的部分仍然包括原材料的采购和仅有的几个预处理步骤，总共为这些步骤预留了 3 个星期；后一个生产阶段（所有金属切割操作，包括在 FMS 执行的操作），一些精加工操作和最终组装只需要 3 个多星期，现在总交货时间为 6 个星期。在最后阶段，企业根据客户订单制造和组装了大约 150 种改型。

案例思考：从供应链目标的设置角度分析一下柔性制造系统在 EL-O-Matic 的供应链中发挥的作用和影响。

案例实践

友 达

友达是一家中国台湾地区的 TFT 液晶显示器制造公司，约占全球市场的 20% 以上。它在台湾有 16 家工厂，在大陆有 3 家工厂。

该公司成立于 2000 年，由两家台湾显示技术公司组成：UNIPAC 成立于 1990 年，是一家台湾半导体代工厂，专注于小型 / 中型 TFT-LCD 面板；另一家是专注于电脑屏幕的宏碁显示技术（Acer Display Technology）。1997 年亚洲金融危机后，两家公司都得到了日本企业技术转让的大力支持，直接促进了它们未来的发展。

1. 研发 / 设计

· 主要产品技术和基础科学研究仍然严重依赖日本企业。在外汇危机之后，日本企业在生产成本方面受到了韩国企业的严重挑战，中国台湾地区的公司成为战略性的、低成本的、以生产为基础的合作伙伴。日本和中国台湾地区 TFTLCD 产业在整个价值链上形成了互补联盟。

· 友达拥有强大的产品组合，在主流产品线中覆盖广泛，并具有强大的规模经济。

·友达拥有非常强大的生产技术能力，提供稳定的产品质量，并能快速响应市场变化。

· 友达已迅速从单纯的生产设施发展到与下游客户提供合作设计。

2. 生产 / 供应管理

· 生产能力是这家中国台湾企业的一个关键优势，具备持续改进的系统方法。

· 在追求高价值制造业和获取规模经济方面，中国台湾企业是充满活力的参与者。友达光电在建立了高产量的基础后，战略性地投资于 TFT-LCD 面板的关键部件。

·上游控制不是传统的垂直整合。友达在 TFT-LCD 组件业务上的投资保持为独立公司，在增长和竞争中具有充分的自主权和创业能力。这是许多中国台湾地区的公司开发的商业模式。

· 在中国大陆的大规模生产中发挥着关键作用，以充分开发中国市场制造潜力。

3. 销售 / 服务

· 友达与许多其他电脑和电视原始设备制造商有着紧密的联系。由于它主要是代工服务提供商，没有品牌冲突，这使它有更多的机会扩大产量，专注于生产。

· 通过与原始设备制造商合作并提供积极的设计服务，其工程服务得到了战略性发展。

· 友达在与中国大陆主要电脑和电视生产商接触方面具有很强的优势。

4. 当前问题

· 友达的主要供应链业务仍然高度集中在中国台湾和大陆。由于其全球业务扩张和最近的环境问题，该公司正在考虑将其价值链进一步分散到欧洲和其他地区。这是一个新的挑战。

· 产品研发可能需要加强，将那些涉及技术领域和竞争影响的战略重新定位。

尝试和你的团队成员一起进行如下实践活动：

针对友达的发展现状以及行业竞争中所面临的局面，结合本章知识点，为其“当前问题”中列出的解决方法着手制定一份供应链风险评估报告。

思考练习题

1. 名词解释

① SCOR 模型

② SIPOC

③产能

④响应能力

⑤柔性

⑥成本

2. 选择题

① SCOR 框架的顶层流程中，包含以下哪些内容（　　）

A. 计划　　　　B. 交付

C. 招聘　　　　D. 强化

②在供应链中属于“企业试图进行分析的步骤，它既可以关于计划，也可以关于执行”，指的是 SIPOC 中的哪个关键属性（　　）

A. 投入　　　　B. 产出

C. 供应商　　　　D. 流程

③以下属于供应链流程中的客户范畴的是（　　）

A. 个人消费者　　　　B. 学校

C. 流水线工人　　D. 办公软件

④以下属于评估供应链的目标的是（　　）

A. 规模　　B. 产能

C. 柔性　　D. 客户

3. 论述题

①对于汽车生产商而言，SCOR 模型中哪个环节是最具备操作挑战性的？原因是什么？

② SIPOC 的五个属性是互相独立还是互相依赖？请举例说明。

③举例说明，在哪些供应链环境中适合使用定量标准测量流程，哪些又适合使用定性标准测量流程？

第六章　供应链计划

学习目标

△了解平衡供与需的三种生产策略。

△熟悉分析客户和计划产品的方法和作用。

△理解交付系统和供应链回流。

基本概念

需求链；供应链；供应链原则；新供应链议程

在设计和管理供应链之前，企业需要计划它应该做什么。计划的存在让企业有机会设定目标、评估选择并做出决定，还有助于确保企业可以明智地投资时间和资金。供应链计划不是一次性事件而是一个持续的、迭代的过程，以确保企业的供应链适应业务的变化。本章将介绍如何将供应链视为一个完整的系统来计划，这意味着要从几个角度考虑：资源、需求、客户和产品是什么；如何制造和交付产品；如何处理老旧产品或次品的退货。

第一节　平衡“供与需”

每个供应链计划的核心问题是：我们如何平衡供需？

有三种主要的生产策略来平衡供需：

（1）备货型生产；

（2）订货型生产；

（3）订单设计型生产。

当企业的供应链计划是基于“备货型生产”时，首先要预测客户会购买多少。这一预测将推动你所有的生产和分销计划，在收到客户的订单之前，生产工作已经完成，产品已经准备就绪。这种方法有时被称为“推动式系统”，因为即使客户尚未下单，你也在向他们推送产品。

当企业的供应链计划建立在“订货型生产”上时，所有的制造和分销工作都处在待命状态，直到订单到来。虽然产品设计工作已经完成，但在得到订单之前，不能生产或移动产品。这种方法是“拉动式系统”的一个典型示范，因为产品订单拉动了整条供应链的运作。

当企业的供应链计划使用“订单设计型生产”时，则是在为每个订单定制产品，因此还无法完成产品设计，直到客户给到你需要的规格，最终的设计、制造和分销工作都由客户订单触发。就像按订单生产一样，“订单设计型生产”的方法也是一种“拉动式系统”。

我们现在以买一辆新车为例来了解这三种策略是如何起作用的。

你可以到当地的任何一家汽车经销商（4S 店）那里买任何一辆车。每辆车都是根据预测生产的，制造商根据一系列的数据和方法来预测会有哪些人会想买他们的车。制造商预测完需求后，为了满足这种需求会将库存推入经销商的供应链。因此，所有这些汽车都来自一条“备货型生产”的供应链。

然而，你可能不喜欢经销商库存中的任何一辆车。也许你想要一辆具有特定功能组合的车，比如红色的油漆、棕色的内饰和高端的娱乐性功能组合。这就是我们常说的汽车的标配、中配和高配，所有的功能性需求都是可以任意搭配和组合的。当然，经销商会很高兴给你那辆车，但因为没有现成的搭配组合可以满足这种需求的车，需要从工厂订购。通过这种方式订购的汽车就是一条“订货型生产”的供应链。物资、信息和资金的流动与“备货型生产”的供应链中的流动大不相同。

突然，你的一个朋友听说了你想买的新车。她也想要一辆类似的车，但她想把后座拆掉改装成狗屋，供她的名犬玩耍。制造商从没有收到过这种配置和功能性要求，但同意在客户愿意支付这笔定制费用后去照做。现在制造商必须开始设计狗窝的隔间并采购所有需要的材料，所以这个过程需要耗费一段时间。

很明显，制造商绝不会在客户提出这类特殊定制化需求之前就去生产甚至量产这类具有特殊要求的汽车，而是直到客户正式订购（包括预付定金）并提出特殊需求后，制造商才会开始设计并定制化汽车。现在，制造商接到了订单也明确了客户的需求，工厂就可以按要求去生产完全满足客户需求的汽车了。这就是一条“订单设计型生产”的供应链。

第二节 匹配资源与需求

供应链计划是围绕目标或要求建立的。无论企业的计划是基于“备货型生产”“订货型生产”或“订单设计型生产”的策略，计划总是从确定需求开始。企业所创建的计划解释了它打算如何在考虑所有资源和约束的同时满足该需求。任何可以被企业用来确保供应链运作正常的东西都是资源：人，设施，机器，包括库存也是一种资源。每一种资源都有它可以做到和无法做到的约束条件，这种约束可能是物理意义上的，也可能是财政、安全和政策规则对供应链施加的约束。下面是一些供应链资源可能存在的约束示例：

（1）如果不付加班费，员工每周只能工作 40 h。

（2）一台机器在需要维修前只能运行 1 000 h。

（3）操作人员在使用某一设备之前必须获得使用该设备的执照和证书。

（4）在低温环境下，成品库存不能存放在室外。

上述内容之间的联系是，每个项目都限制了供应链资源的能力，所以企业的供应链计划需要考虑所有这些约束因素。比如，如果一个计划中假设员工需要每周工作 45 h，但不包括加班的额外成本，那么你可能会无法达成财务目标；在等待客户取货的同时，把存货放在外面的计划可能在夏天行得通，但在冬天行不通。

所谓约束，并不总是显而易见的，它需要通过研究和判断来理解影响供应链绩效的所有约束因素，因此，识别和管理隐藏的约束对于有效的计划是至关重要的。

假设企业的需求是每天生产 100 个部件，企业需要弄清楚满足该需求需要哪些资源，以及这些资源存在哪些约束。显而易见，企业需要制造设备、熟练的员工、供应商提供的原材料以及许多其他配套资源。每一种资源都受到约束：制造设备每小时只能生产 10 件，原材料要 5 周才能交货，员工只有周二有空。企业的供应链计划需要解释将如何利用现有的资源来满足需求。图 6–1 所示的供应链计划模型说明了将资源与需求相匹配所涉及的因素，并表明所有这些因素都受到了约束。

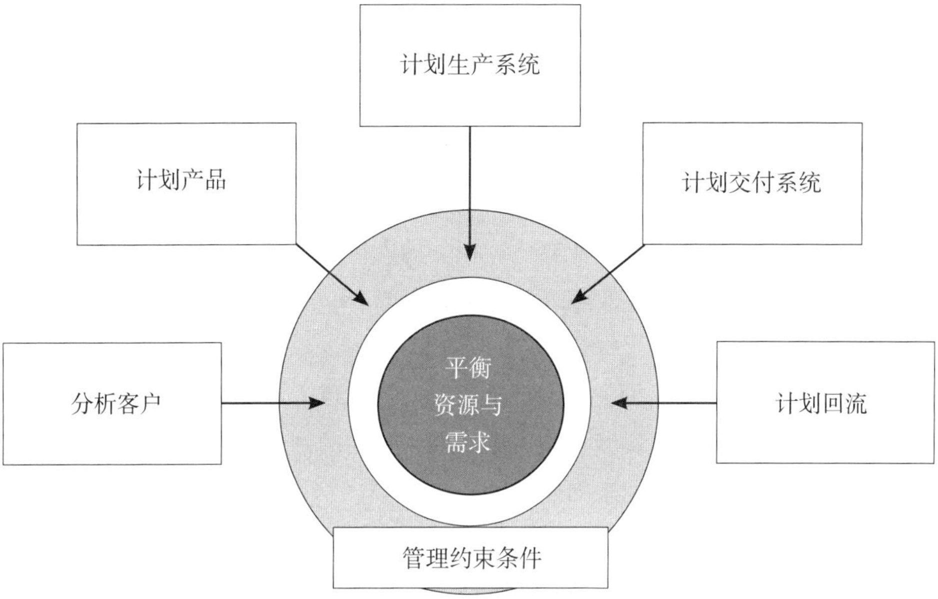

图 6-1 供应链计划模型

第三节 分析客户

我们现在可以把供应链定义为一个复杂的系统，它由人员、流程和技术组成，旨在为客户提供价值，因此不难理解为何供应链计划倾向于关注人、流程和技术。但良好的供应链计划还必须与客户的需求保持一致，他们是流入供应链的每一分钱的来源和保障。

每个客户都是独一无二的，分别代表着特定的需求、偏好和约束情况。企业越了解客户，就越有机会确保自己的供应链可以交付他们所期望的价值。有些客户有着特定的需求或品味，愿意等待并为自己量身定做的产品付费。这些客户会对普通产品不满意，即使它更便宜而且可以立即获得。如果你有这样的客户，你可能需要一条“订单设计型生产”的供应链。

有些客户更感兴趣的是获得最低的成本，这可能会导致你去实施一个“订货型生产”的供应链，因为它能使库存成本最小化。还有一些客户希望立即拥有产品，这就迫使你去实施“备货型生产”的供应链策略。了解客户需求可以帮助企业对供应链做出更好的决策。

我们有三种常见的方法来分析客户及其需求：

（1）市场细分；

（2）人物角色发展；

（3）关键客户分析。

企业可以根据人口统计学特征对客户进行细分，从而创建不同的客户组别。如果企业的客户是个人消费者，相关的人口统计数据可能包括他们住在哪里、他们赚多少钱，以及他们的孩子多大等。如果客户是企业客户，相关的人口统计数据可能包括他们的所属市场（本国、东南亚、欧美地区等）、年收入和员工数量等。一旦定义了客户细分，企业就可以检查并确保供应链计划是否符合每个细分的需求。

另一种了解客户的方法是为他们创建角色。人物角色（或客户概况）是一种对假想客户的描述，它可以代表许多真实客户的关键特征。下面的例子是某咖啡豆企业为它的新咖啡粉所创建的一个角色示例，用来描述目标客户：

"李明是一名每周工作 60 h 的单身男子，工作之余他还有着活跃的社交生活。因为工作繁忙，他可以自由支配的时间较短，所以他喜欢那些能快速并轻松解决需求的产品。对他来说，休息在家时，每次喝咖啡都要自己研磨咖啡豆是件浪费时间的事，因此他喜欢在公寓附近的一家便利店购买罐装咖啡粉。"

人物角色既可以用于营销，也可以用于供应链计划。了解客户的角色可以帮助你了解他们看重什么，这样你就可以制定符合他们需求的供应链。

定义客户需求的第三种方法是确定最有可能购买你的产品的实际客户——你的关键客户。通过研究关键客户，你可以更好地了解他们想要或需要什么、他们会买多少、他们愿意花多少钱。客户关系管理（Customer Relationship Management，CRM）系统可以通过跟踪这类购买以及其他与客户的互动，为研究客户提供有用的数据。

CRM 数据可以用来创建人物角色、分析细分市场，或研究关键客户行为。此外，许多 CRM 系统允许企业来模拟各种试验，以洞悉客户的偏好。例如，你可以通过测试 A/B 两个版本的促销活动来收集数据，决定采用哪一个更有可能鼓励客户下单。

第四节 计划产品

作为供应链计划的一部分，企业要清楚地知道要生产什么以及如何生产。产品设计经常会根据客户的反馈而改变，供应链也可以根据与供应相关的因素进行改变。例如，资源和约束可能要求企业对产品做出更改。在许多产品的设计决策中，了解哪些材料是现成的、在哪里可以得到它们以及它们的成本都是重要的因素。

产品特性通常会随着时间的推移而变化，这些特性应该被纳入供应链计划中。比如进入汽车排气系统的催化转换器，有两种金属可以用作催化转化器的催化剂：铂和钯。当铂变得昂贵时，汽车制造商会选择用钯制造的催化转换器；当钯变得昂贵时，汽车制造商转而使用铂催化转换器。

换句话说，随着铂金和钯金价格的波动，汽车制造商会改变汽车的设计，重新计划催化转换器的供应链。

我们再来看一个可以说明产品特性是如何影响供应链需求的例子。全国性的快餐连锁店有时会根据每家餐厅所属的省市区县的地理位置而使用不同口味偏好的调味料，尽管无论在全国的哪个角落，餐厅的标志、制服和菜单可能看起来都一模一样，但总会有一条供应链来专门负责全国不同地区餐厅使用的调味料。

产品如何影响供应链的另一个例子是包装的大小和数量。在确定了供应链的需求和所需资源后，企业就需要了解产品的包装属性。在选择运输工具时，就要明确产品是偏向终端销售的独立包装还是适合中转运作的中、大型包装选择，如箱装、桶装、集装箱（由当地经销商再进行分装和分销）。小盒包装便于供应链下游的零售终端操作；中、大型包装则要考虑与装卸和运输设备的兼容问题。

第五节 计划生产系统

企业的生产计划决定了生产产品的时间、地点和方式，以便在不违反生产约束的情况下满足企业的需求。例如，企业可以计划把所有的原材料运到一个工厂，然后在那里生产产品。当制造企业需要在资产设备（如建设费用高昂的工厂）上进行大量投资时，集中式生产计划可能是有意义的：集中式生产倾向于提高生产效率，但往往导致较长的交货时间和较高的运输成本。当客户要求较短的交货时间和较低的运输成本时，分布式生产计划可能更有意义：分布式生产指的是在多个地点生产产品，以满足每个地区的需求。

如果企业的某个生产工厂没有能力生产所有产品，则可以将生产过程分散到几个工厂中。将制造步骤和环节分散到多个工厂是增加资源和克服每个生产设施的约束（例如没有足够的空间或足够的工人）的一个好方法。分布式生产还可以让企业获得当地的专业知识和低成本资源。

在对生产流程中的环节或步骤做进一步计划时，需要考虑的问题之一是它对库存的影响。在生产流程的中间环节上已完成部分组装的产品被称为在制品库存(Work-in-Process，简称 WIP)，一个生产环节距离下一个生产环节越远，之间积累的在制品就会越多。因此，生产流程中环节或步骤的计划需要权衡与可能增加的在制品库存数量之间的利弊。

第六节 计划交付系统

交付中涉及的地点、产品特点和客户需求等因素都制约整个交付系统的计划与运作。越来越多的人习惯了把交付工作（包括移动和储存产品）称为物流，其实，我们是在把物流这个概念给浓缩到了供应链的最终环节上。交付固然是物流，但更是物流的一个环节或者说是供应链流程上的一个节点。所以，我们更应该把完成这项（交付）工作的资源集合称作物流（或配送）网络。

物流网络的形式和规模多种多样。例如，如果你正在生产某种小型部件并通过互联网（电商）平台直接销售给客户，你可能会在工厂旁边设立一个电商履约（或交付）中心。如此安排会使你在客户下单时将产品运送到客户手中的这样一个流程变得快速和便捷。

在这种情况下，你的物流网络从你的供应商那里开始，通过你的工厂到你的履约中心，最后到你的客户手上，你在运输或储存产品过程中使用的任何资源都是你的物流网络的一部分。但是，如果你的企业是通过当地大型商场或连锁店来销售产品，你可能要与商场协商确定由谁负责来把货物从你的工厂用公路运输的方式（比如货卡）运输到商场进行销售。如果你所在的企业面向的是全球性的国际客户，运输方式得升级到集装箱海运。另外，根据你的产品将运往何处，还需要考虑关税和国际贸易规则等问题。

在以上任一情况下，都需要有不同的物流网络、需要不同的资源来支持企业的物流活动。

第七节 计划产品回流

另一项需要企业在制定供应链计划时考虑的对象是产品回流或逆向物流。

虽然产品回流在大多数企业中已成常态，但在供应链计划流程中经常被忽视。

平均到各个不同行业，大约有5%到10%的产品销售可能会被客户退回。在电商领域中，这个数字可能会达到30%或更高（可以参考每年“618”“双11”和“双12”过后的电商退货数据）。许多电商零售商和电商平台在过去的10多年中已经尽可能地完善了整个电商购物的退货流程，比如7天无理由退换货政策，来想尽办法让顾客更容易退货并提升购物体验。从长远角度来看，这么做有利于零售商和平台增加当期或即期销售额（和盈利能力）以及品牌形象的塑造。

产品由客户回流到制造商以及供应商的退货流程中，所涉及的不仅仅是客户退回他们不需要、不想要或不满意的产品，这个流程还可以用于修复、再制造或回收产品，以及确保含有明确危险或其他安全隐患问题的产品得到妥善处理。

与其他供应链一样，逆向供应链的目标包括成本最小化和价值最大化，逆向供应链的价值通常是从产品回流中回收的资金数量。另外，从市场和产品口碑角度来看，有效和积极的产品回流在很大程度上有助于消费市场对产品的形象修复和重塑，展现企业对质量的追求以及对市场和客户的尊重和社会责任感。

一个计划完善的产品回流可以从两个方面创造价值：一是让客户满意，二是减少因处理损坏或缺陷产品而造成的损失。

回流的另一个策略重点应该放在回收上。许多产品即使处于生命周期成本的末端，即这些产品已不再需要或使用寿命即将终结，但仍然可以从中回收有价值的材料。例如，电子设备通常含有金银铜铁等贵金属，制造商可以通过回收这些材料和产品，将其熔炼或通过其他技术手段加工再制造并应用到其他产品上。

在一些行业，如汽车、飞机和重型设备制造业中有许多可以再制造的部件，通过产品回流可以创造新的商业机会。这些被称为“核心”的废旧零件成为再制造流程的原材料，制造出类似于新零件的零部件。这些再制造的零件通常比新零件便宜得多，即使它们通常符合相同的技术规格。节省下来的资金可以传递给客户，他们在购买再制造零部件时可以获得折扣。除了有利于商业发展，产品回流也有利于环境保护，特别是对含有有害化学物质的产品（如电池和一些电子设备）。考虑到从废旧产品中重新获得价值和环境效益，许多企业正在努力设计闭环供应链，这意味着他们所有的产品都可以回收。通过合理的回流计划，企业可以最大限度地减少产品生命周期中产生的浪费。一个合理计划的产品回流实际上可以创造一个额外的供应来源，同时增加利润。

案例分析

欧洲某注塑机企业

欧洲某注塑机企业是欧洲较大的资本货物和工业设备制造商之一。该企业成立于1968年，专业制造创新注塑机。一台典型的机器售价在50万到200万欧元之间，世界市场份额约为4%。大约80%的机器出口到德国。在组装成型机所需的大约1 300个部件中，大部分都是采购的，该企业自己的制造部门只加工了50个部件。当时企业所有的采购和制造活动都是由客户订单驱动的。

当一系列新的注塑机开始生产和销售，并且预期需求将显著增加时，该企业决定在其制造部门安装一个柔性制造单元（FMC）作为两台卧式铣床的替代。该单元包括一个带有110槽容量的工具库的加工中心、一个容纳6个FMC托盘的零件托盘存储、一个轨道导向托盘运输车辆和一个夹紧/解夹站。刀库中刀具的交换和托盘上零件的夹紧和解夹都是手动完成的。另外，通过安装一个提升机，可以用于将体积大、重量大的部件运输到夹紧/解夹工位或从夹紧/解夹工位运输出来。此外，分配给FMC的部件通常需要完成一些特定客户的处理，因此，不同类型的数控程序的数量都在稳步增加。到目前为止，企业有超过1 000个数控程序，大约20个零件型族，超过200种的不同刀具。所有数控程序都由工艺计划部编写。

该企业的制造计划和控制系统包括三个层次：总计划层、生产管理层和车间控制层。

总规划级别主要负责为FMC生成订单。在战略层面上，它决定每周可以组装2~4台注塑机并运送给客户。每一台注塑机都有客户特定的部件（大多数是特定部件类型的变体）。工程师为这些零件绘制图纸，工艺计划随后确定通过制造部门的零件路线，并估计所需的加工时间。在此之后，特定注塑机的物料清单就会形成，这些信息将被制造资源计划（MRP）系统处理。零部件和原材料的采购、零件制造和机器组装都是由客户订单驱动的。估计装配、制造和采购的计划交货时间分别为5周、2周和6周。关于制造计划是这样的：在特定的注塑机组装开始前两周，特定机器的所有部件都已备妥，并可装配好。这两周是安全交货期，是由于原材料交付问题而纳入的。

生产控制系统的第二层是生产管理层。在这一级别，一个非常重要的目标是确保以有效的方式满足计划的交货时间，因此，生产管理层必须将生产能力调整到订单流中。生产管理层每周通过物料供应计划系统收到关于每台机器包括成品管理机所需能力的资料，为期8周。基于这些信息，就加班、周末工作和/或分包做出产能决定。

生产控制系统的第三层是车间控制层。此级别的输入是每日MRP订单列表，夜间则会自动更新MRP列表。根据一个临界比率规则对订单进行排序，该规则考虑了内部到期日（即计划完成制造的日期）和制造部门订单所需的累计处理时间。操作人员必须根据给定的顺序尽可能多地处理订单。柔性制造单元的MRP清单上的订单代表加工中心一周、两周，有时甚至三周的累计工作量。企业面临着各种各样的问题。从将安全时间从两周减少到一周开始，就有减少总交货时间的压力。此外，它缺乏一个足够的工具来将工作量与实现的内部制造车间交货期联系起来，而在车间层面，则需要一个更复杂的排序规则。目前，由于无法获得原材料，零件编程没有及时完成，或无法获得夹具和切削工具（其他工作仍在使用），导致了太多的规定顺序的偏差。因此，企业需要一个健全的计划和调度机制。

案例思考：试着结合本章中学到的生产计划和生产系统相关知识，为 IMM 设计一个健全的计划和调度机制。

案例实践

费森尤斯·卡比

费森尤斯·卡比（Fresenius Kabi）总部位于德国，是欧洲、拉丁美洲和亚太地区输液治疗和临床营养业务的领导者。该公司在全球拥有约 17 000 名员工，45 家制造工厂，2007 年销售额达 70 亿欧元。

· 费森尤斯于 1994 年在北京成立了第一家合资公司，并于 2005 年进入医疗保健服务业务，提高了市场份额。

· 1999 年，收购了华瑞制药公司（自 1982 年以来一直在中国）。

· 目前，费森尤斯·卡比已成为中国制药行业最大的跨国公司之一。

1. 研发 / 设计

· 研发工作主要位于德国，主要集中在医院内外的输液治疗和营养护理服务。公司开发了与核心服务相适应的全面产品系列。

· 产品和技术在全球网络中共享。

· 中国的产品开发主要由市场营销和工程团队在中国进行，为中国医院市场量身定制产品。

2. 生产 / 供应管理

· 公司是中国医药行业第一家推广良好生产规范（Good Manufacturing Practice）的企业。

· 中国本土发展在当地原材料和零部件采购中发挥着关键作用。

· 公司控制着一个延伸的价值链，从关键设备生产到为医院患者和门诊患者提供营养护理服务。

3. 销售 / 服务

· 该公司在中国各地使用各种分销渠道；在主要城市的教学医院和示范医院设有分支机构。这些方法有助于吸引其他医院加入其供应和服务网络。

· 利用并购作为开发新业务的手段。例如从 SSPC 收购中国临床营养业务，帮助其进入中国医院服务领域。

4. 当前问题

· 管理中国合资企业合作伙伴，尤其是国有企业，仍然是该公司面临的主要挑战。

· 在合作伙伴的动机、激励、响应和责任方面的方法差异，可能影响了公司在中国的市场增长率。

· 如何更好地利用中国在工程和研究方面日益增长的能力是一个主要问题。该公司正在考虑扩大在中国的开发工作。

· 该公司正在考虑利用其中国制造基地打造所有远东国家的潜在区域采购中心。区域供应的物流和实际情况也需要加以评价。

尝试和你的团队成员一起进行如下实践活动：

针对费森尤斯·卡比的发展现状以及行业竞争中所面临的局面，结合本章知识点，为其“当前问题”中列出的解决方法着手制定一份供应链风险评估报告。

思考练习题

1. 名词解释

① 备货型生产

② 订货型生产

③ 订单设计型生产

④ 交付

⑤ 回流

2. 选择题

① 可以被称为“推动式系统”的生产性策略是（　　）

A. 预测型生产　　B. 备货型生产

C. 订货型生产　　D. 订货设计型生产

② 以下可以用来分析客户需求的方法包括（　　）

A. 市场细分　　B. 人物角色发展

C. 客户细分　　D. 关键客户分析

③ 可以广泛应用交付系统的盈利性主体包括（　　）

A. 批发商　　B. 线下零售商

C. 电商平台　　D. 第三方物流企业

④ 以下关于产品回流的描述正确的是（　　）

A. 消耗企业资源

B. 非企业必须具备的供应链活动内容

C. 可以提高客户满意度

D. 可以增加企业利润

3. 论述题

①企业在分析客户时，是否可以参照竞争对手的做法？说明你的理由。

②思考电商企业在计划交付系统中需要考虑的至少三项内容，并举例说明其重要性。

③试着为一家知名的服装企业设计一套行之有效的供应链回流体系。

第七章　采购

学习目标

△了解战略采购和采购道德。

△熟悉供应链中的层级。

△理解生命周期成本。

△掌握管理供应商和减少供应商风险的方法。

基本概念

战略采购；供应链层级；生命周期成本；供应商风险；内包与外包；采购道德

第一节　了解战略采购

无论企业从事的是哪种产品的生产或制造，一个永远的议题是如何保证产品的质量上乘且可以长久持续，而产品质量的高与低很大程度上又取决于企业从供应商那里可以买到的原材料或组件的质量高与低。

我们把这种企业从别处购买的行为或流程称为采购。

我们从之前章节提到的供应链的流程图可以知道，供应商处于供应链的上游。采购部门通过不断评估市场和选择采购策略来为企业降低风险和成本，从而为供应链增加价值。他们的职责之一包括计算每个选项的总成本，因为任何一个更改所节省下来的前期成本通常会被后续的额外成本所抵消。

本章我们将主要讨论采购流程上需要考虑的问题，包括决定买什么、从谁那里买、什么时候买、一次买多少。这些选择都将对向客户提供他们需要的产品和服务的成本有很大的影响。

相较之前采购部门的工作重点是尽可能节省成本地采购物资，现如今随着现代企业和管理人员逐渐了解采购对供应链的影响，采购流程需要具有战略性思维的共识也逐渐形成和确立。

企业通过收集采购数据，以评估他们所采购的物资从哪里购买，以及他们可以如何改变来为驱动供应链增值，这个流程被称为战略采购。应用战略采购原则有助于确保企业优化整个供应链的绩效表现。

通过总结和对比，我们可以发现所有企业的采购模式都有一些基本的共同点：

（1）收集和分析过去的采购数据。

（2）收集和分析关于未来购买的预测。

（3）评估供应商过去在成本和质量方面的表现。

（4）调查其他供应商是否能以更好的价格或更高的质量水平提供相同的产品和服务。

（5）考虑将产品或服务外包或内包的机会。

（6）确定产品或服务的重要性，以及它在市场上的可获得性。

（7）评估付款条件对营运资金的影响。

（8）评估与每个供应商相关的风险。

（9）做出改变和调整。

（10）重复执行以上步骤（1）~（9）。

采购流程为企业增加的价值可以通过与供应链的其他部分不一致造成的成本和错过的收入机会来衡量。

第二节 细分供应链

根据供应商的特点对供应链进行细分，更容易帮助企业分析采购数据。

对供应商进行细分的一种方法是根据他们在供应链上游的位置将他们划分为不同的层级：直接采购产品的对象企业是一级供应商；一级供应商采购产品和服务的对象企业是二级供应商，以此类推，如图 7-1 所示。生产最终产品的企业位于所有层级的末端，被称为原始设备制造商（OEM）。

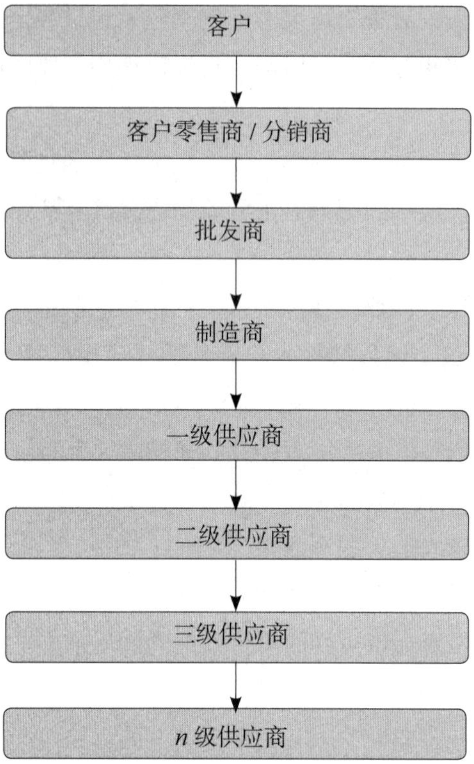

图 7–1　供应链层级分布示例

供应商也可以根据企业如何使用对方提供的商品和服务来划分支出类别。如果一个供应商提供的东西包含在你的产品中，这家企业是直接供应商，你从这家供应商那里采购的东西便是直接材料和直接服务；如果一个供应商提供的东西不一定包括在你出售的产品和服务中，它则被归类为间接供应商。

例如，你有一家快餐店，那么向你供应汉堡肉饼、生菜和面包的企业便是一级直接供应商，所有这些都直接纳入你的产品之中。而向你的供应商出售制作面包所需面粉的企业则是你的二级供应商之一。你可能不知道二级供应商是什么企业，但它在保持供应链正常工作方面扮演着重要的角色。

相反，销售给你纸巾、洗手液、地板蜡等产品的企业都是“一级间接供应商”，因为他们的产品与你销售的产品和服务没有直接联系，但毫无疑问这些供应商对于运营一家快餐店是必要的，他们仍然是供应链的一部分，但联系是间接的。

图 7–2 可以用来呈现直接和间接供应商以及一级直到 n 级供应商在供应链中的位置和关联。

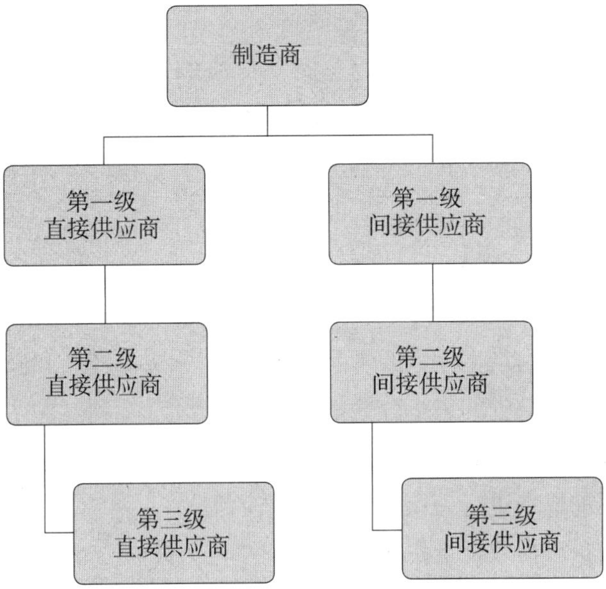

图 7–2 直接 & 间接供应商示例

第三节 管理生命周期成本

采购的一个重要部分是分析和理解所购产品的总成本。总成本一般比企业原本期望支付的价格高得多。从产品生命周期的开始到结束，我们大致可以将影响总成本的各种成本归类成以下各项，它们对企业都有明显的财务影响。

（1）采购价格；

（2）运输；

（3）库存持有成本；

（4）质量检验和缺陷解决费用；

（5）老化，安全和预防损失费用；

（6）关税和其他税收；

（7）许可证和相关费用；

（8）维护成本；

（9）处置成本和回收价值；

（10）产品责任，召回和保修风险。

换句话说，当企业在计算某件产品或原材料的实际成本时，采购价格是要考虑的众多变量之一。从实际成本的宏观观点出发，总拥有成本（Total Cost of Ownership，TCO）或生命周期成本（Life Cycle Costing, LCC）在企业中的应用具有深刻的现实意义。了解 TCO 或 LCC 可以帮助企业做出价值最大化的采购决定，而不仅仅是最低的采购成本。

一、最小化投入成本

众所周知，企业逐利不是新鲜事，一个企业只有在盈利的情况下才是可持续的。采购可以对任何企业的盈利能力产生巨大的影响。采购部门购买的产品和服务即是企业的投入，简言之，降低成本投入所节省的每一分钱都是纯利润。

采购部门总是在寻找降低成本的方法，以下是一些常见的降本选项：

（1）就换取更低的成本进行一项长期协议的谈判。

（2）增加订单数量以换取批量折扣。

（3）接受低质量的产品以换取价格降低。

（4）向低成本供应商要求新的报价。

采购经理可能会探索其他可以节省开支的选择：

（1）延长供应商完成订单的交货时间。

（2）与供应商共享信息以便让他们提前制定计划。

（3）改变产品或包装设计，以期实现低成本投入。

（4）为支持供应商的设施和设备投资提供财务担保。

最小化投入成本是一个持续的过程，采购部门需要不断分析产品和服务的投入成本，并与供应商（和你的内部团队）合作，以找到减少投入成本和增加利润的新方法。

二、采购投入

在第二章中已经了解了供应链中通常有五个组成部分：供应商、投入、流程、产出和客户（SIPOC）。表 7-1 是一个基于汉堡包制作的 SIPOC 示例。

表 7-1　制作汉堡包 SIPOC 示例

供应商	投入	流程	产出	客户
牛肉供应商 面包供应商 调味酱供应商 纸巾、包装纸供应商	牛肉 小圆面包 调味酱 纸巾、包装纸	制作汉堡包 交付顾客 调味酱搭配 纸巾、包装纸	汉堡包 打包	堂食顾客 外卖顾客

例如，在制作汉堡包的过程中，主要“投入”是食材：肉、面包和配料。汉堡店还需要至少一个烤箱来烹饪汉堡包，所以烤箱也要被列为“投入”。此外，还需要蜡纸、纸巾和纸袋来包裹汉堡，所有这些都是流程的“投入”，而这些“投入”都来自供应商。

选择在哪里采购“投入”，对产品和服务的质量以及企业的盈利能力有很大的影响。一方面，没有企业希望支付多余的投入；另一方面，一分钱一分货往往是真理，高质量的产品或组件都必定需要支付更高的价格来获得。企业试图通过选择低成本供应商节省下来的钱可能会导致更高的运输成本、不可靠的交货、库存增加或质量问题等。

应对这一挑战的一种方法是将你的“投入”细分成不同的类别。企业可以用很多方法来细分“投入”，但最常见的方法是通过创建图表，比较每项投入的重要性或风险与在它身上所花费的资金（或时间）。图 7–3 是以卡拉杰克矩阵为蓝本的一种分类示意图。

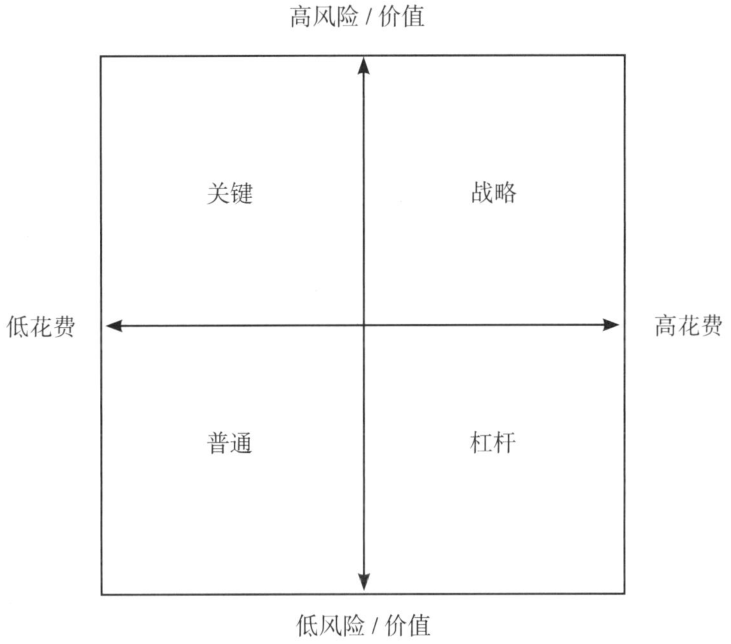

图 7–3　供应链中的“投入”分类示意图

清楚一项“投入”属于哪一类，可以帮助企业在决定在哪里采购以及如何采购供应链所需的产品和服务方面做出更明智的决定。

（1）杠杆投入。如果你在某个“投入”上花了很多资金，但你也可以从很多地方买到它，并实现快速交付，那么这种“投入”就是杠杆作用下的投入。换句话说，你可以视该类产品或服务为谈判筹码，可用来为其他物资争取更好的价格。

（2）普通投入。如果在某项“投入”上花费不高，而且在需要的时候总是很容易得到，那么它就归属于普通投入，目标就是在确保不多余支付的情况下达成最棒的买卖。

（3）关键投入。如果你在某些特定的“投入”上并没有花很多钱，但当你需要的时候很难得到它，该类“投入”就是很有可能造成瓶颈的关键产品或服务。如果你对某项“投入”

的质量标准要求特别高，那么同样适用于这种情况。对于关键投入中的产品或服务，你需要与供应商建立并保持牢固的合作关系，以确保随时供应顺畅。

（4）战略投入。如果你在一种“投入”上花了很多钱，而这种“投入”对你的生产或运营至关重要，而且无论在什么时候得到它总不是一件事容易的事，那就是战略投入。正确地管理战略投入可能是企业提高盈利能力和降低企业供应链风险的最大挑战和机会之一。除了建立牢固的关系外，企业还应该考虑将提供战略产品和服务的供应商作为合并、收购或与之建立合资企业的候选者。

三、预测需求

为了在采购产品时做出明智的决定，企业需要明确各类决策间的差异。例如，每周采购 1 件和每天采购 100 件产品之间的差异，可能会对企业应该从哪个供应商那里采购以及应该支付多少资金产生巨大的影响。

估计一种产品的需要量叫作需求预测。需求预测的挑战在于，几乎很难确切地知道到底需要多少以及什么时候需要，企业需要对采购的期望金额和数量做出一些有根据的猜测，以便选择正确的供应商并就正确的条款进行谈判。

四、内包、外包和离岸

在供应链管理的背景下，核心竞争力使企业可以以更低的成本在某特定领域比其他企业做得更好。核心竞争力是保持企业在供应链中竞争地位的关键，企业通常注重通过研发和持续的流程改进来建立核心竞争力。

一般来说，任何与企业的核心竞争力直接相关的工作来源都应该来自企业内部；换句话说，这类工作应该内包。

而有些工作虽然对企业很重要，但不是核心竞争力，这意味着可以委托或承包给其他企业来完成，可能比你的企业做得更好、更快、更节省。通过把工作外包给另一家企业，可能获得更高的价值回报，无论是技术上的、效率上的还是成本上的。

离岸外包指的是把在一个国家完成的工作转移到另一个国家。虽然这会伴随不少争议（例如：环境污染、就业率、血汗工厂等），但离岸外包可以降低成本和提高质量，以及让你的企业获得人才和打开新的市场。在信息技术领域，许多企业发现将编程和技术支持职能转移到印度是有战略意义的。在制造业领域，许多跨国企业选择在中国、印度、越南和其他东南亚国家建厂，以便获得劳动力成本优势。

不过，离岸外包也会带来一些真正的风险。例如，离岸制造的一个挑战是，更长的供应链导致更高的运输成本和产生更多的库存。

离岸外包的另外两个风险是：（1）与距离和时区不同的员工和工厂沟通和协调上的效率问题；（2）处理与知识产权有关的问题（例如：侵权、诉讼等）。

10 多年前，企业可能觉得离岸外包是有意义的，但由于发展中国家外包市场的变化（如劳动力成本的明显上升、产业技术整合和数智融合趋势等），离岸外包不再能为供应链提供以往的优势。在这种情况下，企业可以决定将工作从国外转移到国内，这被称为回流或进岸（外包）。

一个进行大量内包、外包和离岸外包的典型例子就是汽车制造业。大多数大型汽车品牌将汽车的设计、组装和营销视为他们的核心竞争力，这对他们在供应链中的战略角色至关重要。以往，这些企业汽车的许多零部件是由其他供应商或者 OEM 工厂生产的；换句话说，汽车制造商将其零部件的制造外包给第三方。对于这类企业来说，从距离汽车组装设施较近的供应商采购零部件可能是有意义的，因为这么做可以带来较低的运输成本和较短的交货期。但在某些情况下，在另一个国家制造零部件甚至整辆汽车要便宜得多，所以这些企业将部分或所有这些流程进行离岸操作。如今，他们可能会基于某些成本考量或者国内就业率和传统制造业疲敝等原因，决定将部分或全部的制造或装配流程回流到国内进行。

第四节
管理供应商关系

如果从供应商的角度来看，你所在的企业就是他们的客户。秉持着这个事实去面对客户时，你会发现“好”的客户在想买东西的时候会提前通知你，他们采购的数量是可预测的，他们愿意付给你合理的货款；“差”的客户会出于许多理由更改订单要求（无论是数量上的还是质量上的）或者是频繁地、突发性地下达大额订单（或取消订单），抑或是和你计较、争夺每一份利润的得与失。

那么对于你的供应商来说，你又是什么样的客户呢？

你可能希望你的供应商相信“客户永远是对的”这句话，但你需要在这句话与“你付出什么，就能得到什么”之间取得平衡。作为一个客户，你的采购行为既影响供应商支付的成本，也影响供应商与你谈判的意愿。例如，如果你能提前足够多的时间与供应商分享一个准确的市场或销售预测，那么供应商就可以放心地减产或增产，而不用担心是否需要准备多余库存来满足你的订单。这是一个绝对的双赢局面，可以从根本上降低“牛鞭效应”的影响。

如果你能了解这种动态，并利用它成为你的优势，你的供应商可能会把他们节省下来的成本的一部分返利给你，从而降低你的采购成本。这种情况需要建立在双方共享信息的基础上，这就是供应链中的互信，也就是共赢的基础。

与供应商建立和保持良好的关系是获取市场情报和使尽早获得（来自或与供应商共同开发的）创新成为可能。另外，卖给你产品的供应商当然也可能会把同样的产品（在不侵犯知识产权或商业机密的前提下）卖给其他的客户包括你的竞争对手，因此，供应商可能比你更了解这个行业的趋势和新技术，但他们只有在信任你的情况下才会分享这些信息。

关于如何与供应商建立和谐的互信合作关系，我们可以从以下四个方面着手进行尝试：

（1）诚信。分享信息能帮助你的供应商变得更成功。如果存在不能分享的信息，就要和供应商明确说明（例如：涉及商业机密和知识产权和专利等），但永远不要对他们撒谎。

（2）合理。你的供应商需要赚钱盈利，所以在价格谈判时要尽量保持合理性和可持续性。要让供应商明白你希望他们成功，但他们也需要帮助你成功。

（3）问自己这样做对自己的企业有什么帮助？要清楚你能从与供应商的关系中得到什么，以及你想要得到什么。你和供应商从合作关系中获益越多，你们的关系就会越牢固。

（4）问自己这样做对供应商有什么好处？了解你的供应商如何从与你的合作中获益，并调查他们还有什么其他选择。供应商可以拒绝与不喜欢的客户做生意，如果这种情况发生，它可能会破坏你的供应链；供应商越重视你的业务，你们的关系就越牢固。

不得不承认，每一种供应商关系都不得不在某个特定的时间节点走向终点。有时是因为供应商不再出色，比如他们逐渐满足不了你的规格或其他要求；有时，它只是市场和技术变化发展的必然结果。当你需要终止供应商关系时，请确保你的企业确实遵守和履行了合同中条款、条件赋予和要求己方企业的责任。企业应该考虑让法务部门参与进来，以确保不会给企业带来不必要的责任和负担。

当然，一般来说，有两个非常好的理由说明你的企业应该尽可能地结束供应商关系：

（1）供应商持续地无法满足企业的订单需求。

（2）你不希望其他供应商认为与你的企业很难合作。

第五节 订立供应合同

当企业与供应商达成协议时，订立合同就该摆上议事日程了。合同的形式多种多样，但都取决于你的采购对象、采购量和采购地点。

下面我们简单列举四种合同的形式：

（1）固定价格合同。固定价格合同规定了将要采购的产品或服务的数量以及它们的成本。这种类型的合同可以包括通货膨胀的调整，也可以包括实现目标的激励。

（2）成本加成合同。该合同可以补偿供应商的成本，并允许他们收取额外费用，通常是基于成本的固定比例。

（3）基于时间和材料的合同。该合同通常适用于设施设备或产线等的维修。买方同意向供应商支付他们在项目中使用的零部件和劳动力的固定价格。例如，每次你把车送去4S店维修时，你可能会签这样一份基于维修时耗费的维修工时和材料的合同。

（4）不定期交货合同。该合同是指企业不知道要订购多少货物或不知道何时需要交货的情况下签订的合同。这种合同通常为供应商提供最低和最高采购数量，但给予了买方灵活性，使其可以根据需要多买或少买，只要数量在商定的范围内。当企业的生产计划可能发生变化时，不定期交货合同是极为有用的。

一、确定合同条款

从供应链的角度来看，在制定供应商合同条款和条件时，请记住两个问题：

（1）如果一切按计划进行，你希望事情如何进展？

（2）如果发生意外或环境发生变化，你将如何处理？

在建立合作关系之初，在合同中解决这些问题对你和你的供应商都有好处。你可以想象一下快餐店在与供应汉堡面包的供应商在建立合同条款时需要考虑的各种问题：

（1）供应商需要发货的面包数量？

（2）快餐店的支付金额？

（3）快餐店和供应商将如何评定质量？

（4）供应商需要多快交付订单？

（5）合同期限是多久？

（6）供应商可以把同样的面包卖给其他餐厅吗？

（7）快餐店什么时候付货款？

（8）我们将如何解决问题和分歧？

当然，以上列表并不完整，但它让企业了解到在与供应商制定合同条款时需要考虑的一些问题。成熟的企业在签订任何合同前，都应该征求法务部门和法律顾问的意见。如果事情没有按照企业的计划进行，就必须确保合同既可以保护己方也可以保护你的供应商。

二、选择付款方式

与供应商就货款支付进行谈判是一个考验企业综合能力的舞台，这不仅仅关乎谈判艺术，心理博弈、市场调查能力、买方势力（或卖方势力）的发挥都是确定最终价格和付款方式灵活性的决定性因素。

在这里，我们不去赘述如何进行谈判，而是把关注的焦点放在付款方式上。

常见的付款方式主要有三种：

（1）提前付款。有些企业希望客户提前付款，希望在提供产品或服务前确保收到客户的货款。

（2）货到付款。企业可以要求客户在交付产品或服务后立即付款。货到付款虽然存在客户不付款的风险，但至少供应商可以立即知晓并采取相应措施。

（3）净付款方式。一些供应商在出售产品和服务后等待客户进行付款，这是一种信用形式，称为净付款条款。供应商可以将订单发送给客户，但客户必须在30天（特殊情况下60天或90天）内付款，这被称为30天净付款期。如果采用净付款方式，客户不按合同支付的风险会更高，这就是所谓的“违约”。

供应商付款条款会极大地影响企业的现金流和营运资金。

自你从客户那里收款到你向供应商付款的这段时间被称为现金转换周期（Cash Conversion Cycle）。以下三个例子可以帮助说明付款条件和现金转换周期会如何影响企业业务。

（1）零现金转换周期。假设你在客户下订单时收取费用，并且立即向你的供应商下订单并同时付款；换句话说，当你的客户下订单时，你和你的供应商都得到了货款。许多寄售关系都是这样运作的。在这种情况下，你的现金转换周期为零。

（2）正现金转换周期。假设你以30天净付款方式从供应商那里购买产品，以60天净付款方式出售给你的客户，这意味着你在客户支付货款前30天向供应商付款。在这种情况下，你需要30天的营运资金来支持你的销售，这是一个正向的现金转换周期。正现金转换周期在各种业务中都很常见，但成本很高，营运资金可能需要从收取利息的银行或其他金融机构或投资人借款。供应链管理者可以通过缩短现金转换周期来减少企业需要借贷的营运资金数量，并增加盈利能力。

（3）负现金转换周期。假设你的客户今天向你支付产品货款，但你可以等待30天再向供应商付款；换句话说，你可以免费持有这笔钱30天。你可以把货款存在银行让银行付你利息，而不是向银行借钱外加支付利息。负现金转换周期很少见，但它们可以成为供应链驱动企业价值的有力方式。负现金转换周期是戴尔电脑早期成功的秘诀之一。戴尔要求客户在下单时付款，但与供应商协商延迟付款。实际上，戴尔可以选择让客户的钱在银行里存一两个月（实际上同时还赚到了利息）或者作为自己的营运资金投入生产和运营所需（同时减轻自身资金压力和提高现金流活跃程度），然后才向供应商付款。

通过比较你会发现，显然企业更希望与客户之间有短期付款期限，而与供应商之间有长期付款期限。但从长远来看，这种策略可能不是最佳选择。向客户提供信贷会对你赢得他们的生意更加必要，原因是如果你坚持客户先付钱，而你的竞争对手提供30天净付款，你可能会失去这笔生意。在供应链上游，延长你的供应商信用期限会消耗供应商的资金，所以表面上看来你通过要求延长付款期限而获得了“免费”的信用，但最终，这些成本会在你的损益表的其他地方显示出来。

第六节
减少供应商风险

采购流程中最具挑战性、同时也是最容易出现糟糕局面的就是如何应对和管理风险。企业很容易判断一家供应商是否比另一家供应商更省钱，要知道哪家供应商的前期成本更低也不是难事。但是，考虑到供应商不履行承诺的成本，以及所采购的材料或组件易损坏、质量低甚至假冒或在你需要的时候没有及时交付到位，供应商在这时会极大地挑战你的底线。换句话来说，企业要考虑与供应商风险相关的潜在成本。

一般来说，我们认为风险即意味着不确定性。供应链充满了不确定性，无数的事情会改变资金流、物流和信息流。企业永远不可能识别并降低每一种风险，然而企业需要尽可能全面地了解什么将是最有可能发生的风险，同时制定配套的策略以最大限度地减少它们会对供应链造成的影响。

通过使用 Excel 软件，企业可以很方便地建立风险登记簿（也称为风险计分卡）。输入风险的名称以及它可能造成的影响，用数字形式 1~10 来表明影响的严重程度，同时用数字形式 1~10 来代表风险发生的可能性或概率。当然，这里的 1~10 只是一种举例，企业可视自身情况自行决定数字等级的高低差别，但要记住，如果数字区间过大，风险登记簿带来的警示意义就不大了。通过以上两列数据的乘积，企业可以计算出风险指数，这样就可以专注于那些最有可能发生、影响最大的风险。

一、应对风险

对于任何风险，企业最好都有一套应对风险的处理方法。虽然处理风险的方法有很多，但所有的选择都可以分为四种。下面我们将根据开车时遇到的风险来描述每一种选择。

1. 接受风险

如果企业选择接受风险，即意味着企业已经知道风险的存在，但愿意并准备承担它发生的后果。例如，在开车途中，有可能会有小石子从路面上飞扬起来砸坏车身油漆，但这种危险的可能性很小，而且修理油漆刮痕的费用也很低，你可能会接受这个风险。但如果企业的某一关键供应商因为某关键零部件的生产工艺性较复杂导致交付期较长的情况，企业很有可能因为难以找到更好的替代供应商或者该零部件的稀缺性和低可获得性而选择接受这种风险。

2. 规避风险

有时候企业可以选择规避风险。如果开车经过有道路施工的地区，就有可能陷入交通堵塞，这会使你花更长的时间到达目的地，而且可能会消耗更多的汽油。与其直面这种风险，还不如选择没有施工的路线，这样就可以避免因道路施工而出现延误的风险。从企业角度来看，避免与财务情况糟糕或市场信誉度较差的供应商合作是一种常见的保护自己避免在合作中遭遇各种问题和风险的可靠办法之一。

3. 转移风险

有许多风险是不可避免的，但可能代价很昂贵，你可能想把这些风险转移给其他人。例如，你可能会撞到另一辆车，或者另一辆车可能会撞到你，修理或更换整辆车或支付伤者的医疗费可能高达数千元甚至更高。如果每次都要全额负担这些费用，大部分人可能根本不会选择开车，而是通过购买保险来转移风险。他们会向代表他们承担风险的保险企业支付相对较少的费用来转移可能发生的昂贵的理赔费用，最终，如果不幸发生事故，保险企业会根据保险类别进行理赔。从企业角度来看，风险转移可以选择将采购策略从单一供应采购切换成双源供应采购，在由于其中任一供应商因为任何原因造成断供或延迟交付情况下，由第二供应源保证供应的持续性。

4. 降低风险

在许多情况下，企业可以采取一些措施来降低风险，使其严重性降低或不太可能发生。例如，你可能会在油表低于油箱四分之一之前停下来给油箱加满油，因为这样可以降低汽油耗尽的风险。为什么？因为如果你的汽油彻底用完，你可能会浪费很多时间和成本去找加油站。在油箱中储存汽油的成本相当于企业保有一部分库存的成本，这远比你用完汽油的成本要低得多，所以企业会选择保留一小部分安全库存的方式降低市场不确定性等原因造成的风险。

二、决定管理哪些风险

当企业知道了如何管理风险时，必须决定需要管理哪些风险。

我们可以尝试遵循以下步骤：

（1）确定企业所关心的流程、零部件或供应商，把他们逐个记录在风险登记簿的标题栏中。

（2）分析这些零部件或供应商可能出现问题的地方。换句话说，就是列出所有风险或不确定性的来源。不要随意判断或过滤风险，要把所有的风险都列在清单上，在“风险描述”一栏中分别把它们列出。

（3）分析这些风险会如何影响你的供应链。你可能会发现一些风险会造成不止一种影响。比如在运输车辆驶往施工区域的途中，堵车的风险会造成两个影响：一是会增加到达目的地所需的时间成本，二是会增加油耗成本。在“影响描述”一栏中记录每一种影响。当你在风险登记簿中录入这些信息时，将每种风险和影响组合放在单独的一行中。如果一个风险有两个影响，在两行记录相同的风险；如果两种风险可能导致相同的影响，在各自行内分别列出。

（4）量化每种风险的可能性。这个步骤在具体操作时可能会有点棘手，但通过不断尝试它会变得更容易。想想每一种风险发生的概率，然后用 1 到 10 来打分。一种存在极高发生可能的风险，即意味着企业认为该风险“几乎可以肯定会发生”——10 分；“发生概率极低（发生的可能性极小）”即为 1 分。在标有风险可能性的一栏中记录风险发生的概率，大多数风险都在 1 到 10 之间；如果某一风险的概率为 0，那么它就不是风险，就不应该出现在列表中。

（5）决定每种影响对供应链造成的严重程度，有灾难性影响的风险得 10 分，影响相对较小的风险得分为 1，大多数严重性在 1 到 10 之间。在“影响的严重程度”一栏中记录每个影响的严重程度。

（6）每个风险的概率乘以影响。在“风险指数”一栏中，将“风险的可能性”一栏的值乘以“影响的严重程度”一栏的值，得出风险指数。如果风险很可能发生，且影响严重，则风险指数高；如果风险发生的概率较低，影响较小，则风险指数较低。通过风险指数可以很容易地找出哪些风险对供应链构成了最大的威胁，以及需要将注意力和资源集中在哪里。

表 7–2 是一种可供企业参考的风险登记簿的形式。表格中显示了设备失灵（故障）风险具有最高的风险指数，故应首先处理。

表 7–2 供应链风险登记簿示例

序号	风险描述	风险影响	风险可能性	风险严重性	风险指数（可能性 × 严重性）
1	台风	工厂关闭直至灾后修复	1	10	10
2	供应商倒闭	无法购买零件	3	7	21
3	设备失灵	无法生产产品	6	5	30

第七节 构建采购道德

因为采购流程涉及大量关乎资金的重大决定，所以确保以公平和道德的方式做出决定是很重要的。然而，人们可能并不总是认识到道德困境，或者可能对“对与错”有不同的感觉。为了确保正确的采购行为不会发生混乱，需要构建一个正式的、书面的采购道德准则，要求每个做出采购决定的人都必须遵守。

企业的采购道德准则可能包括以下情况：

（1）拒绝收受供应商礼物；

（2）支持中小企业发展；

（3）诚实对待供应商；

（4）不得使用童工或压榨劳动力；

（5）遵守当地（所在国或地区）法律；

（6）鼓励竞争；

（7）禁止歧视；

（8）报告利益冲突；

（9）遵守付款条款；

（10）评估供应商如何对待员工；

（11）审查供应商的工作条件、时间和环境。

关于如何建立道德和可持续的供应链，企业可以通过以下方式进行尝试和努力。

一、管理供应商社区

道德实践需要以持续的方式进行管理，企业必须考虑如何改善供应链中的日常协作以实现这一目标。

与贸易伙伴的有效合作有助于推动更广泛地采用和遵守道德采购实践，企业应该确保他们拥有供应链中每个参与者的最新联系方式。协作平台有助于鼓励这种做法。在经济大环境起伏波动较大或全球采购背景下与当地供应商展开合作时，如果缺少关键供应商的核心管理岗位和人员的电子邮件地址或电话等关键联系信息，就很难与供应商合作。通过定期调查供应商社区，企业可以发现有趣的见解，了解供应链是如何执行的，以及道德实践达到了什么水平。

二、收集关于道德采购方面的见解

对于许多组织来说，监控贸易伙伴的表现并真正了解供应链的道德“脉搏”仍然是一个关键挑战。为此，借助于人工智能和大数据分析等先进分析工具可以提供有用的解决方案并为日常流程提供丰富的见解。事实上，人工智能将改变未来的运营，提供一种确保供应链符合道德标准的手段，并使应用于供应链上每个贸易伙伴的可衡量的结果。

通过使用先进的人工智能仪表板，企业将能够持续监控贸易伙伴的道德表现。他们将利用这些信息做出战略性的商业决策，比如与表现出色的供应商续签供应合同，或终止与表现不佳的供应商的合同。

三、安全的贸易伙伴关系

一旦选择了供应商，确保供应商与组织之间的交互是很重要的，这有助于在贸易伙伴关系中增加信任并将风险降至最低。这可以使用身份和访问管理平台来完成，该平台将数字身份分配给整个业务生态系统中的贸易伙伴。

在此过程中，组织或企业可以确保外部供应商、业务合作伙伴和承包商能够根据其在生态系统中的角色安全访问所需的内部系统，包括物流、仓库管理、库存和企业系统以及数据。

四、数字化供应链

在获得理想的贸易伙伴后，企业必须通过数字合作形式将其与业务运营连接起来，以建立数字供应链。

理想情况下，这通常发生在一个基于云计算的数据集成环境中，这使得供应链平台能够根据不断变化的消费者需求和波动的市场条件进行扩展。采用数字供应链还有助于防止手工、纸质供应链文件的伪造，从而间接减少进入供应链的假冒零件数量，特别是在售后市场部门。

五、监控货物来源

建立信任和保护企业声誉的关键是了解组成产品的所有部件的来源。利用物联网（IoT），企业可以通过跟踪货物的位置和状况来提高供应链的可见性。物联网传感器通过全球定位系统（GPS）测量冷冻或易腐货物的温度、易碎货物移动时的震动水平，以及昂贵物品的位置，这样，托运人便可以帮助确保防止腐败、损坏和盗窃。

虽然物联网本身可以为企业带来大量好处，但将其与区块链等其他先进技术结合起来可以进一步发展。使用区块链，企业可以通过捕获来源并在货物流经供应链时保留其出处来确保更强的可追溯性。

例如，如果一辆汽车发生火灾，而火灾的源头被发现是线束，企业可能会强制召回，要求所有参与制造的供应商提供身份信息。如果连接到线束的连接器使用了劣质金属，区块链中的证据可以立即识别出金属的来源——甚至是它所开采的矿井。

六、识别值得信赖的供应商

在开始实施道德供应链战略之前，组织必须首先找到拥有相同道德实践的贸易伙伴。他们可以根据特定的标准寻找潜在的合作伙伴，例如，有关企业是否保持可持续的工作实践，在其产品中可以使用受专利保护和许可的技术等，或从事公平的劳动实践。企业必须能够信任与他们合作的合作伙伴，以确保端到端供应链的道德工作实践。

案例分析

大众采购：打造全球领导者

大众汽车于2015制定了一项名为“18马赫”的战略，目标是到2018年成为世界上最大的汽车制造商。在2016年上半年，这一目标已经达到：没有任何一家企业的汽车销量能与大众相提并论。这种发展的核心是一场采购革命，它创造了大众(Volkswagen，VW)前董事会主席费迪南德所说的“汽车工业的第三次工业革命”。

20多年前，当费迪南德担任大众汽车董事会主席时，该企业离这一目标还很远；相反，他发现当时大众的状况很差。一个传统的管理者，在那个时候会努力削减生产成本。但费迪南德不是一个传统的管理者，相反，他充分利用了当时董事会成员难得的经验——采购经验。在为奥迪（大众集团的一部分）工作期间，费迪南德也曾担任首席采购员。他以轮胎为例，解释了他后来拯救大众集团的关键经验：奥迪客户最喜欢（但绝不是唯一）的轮胎是1910 -10号。然而，戴姆勒也是如此。“我只需要计算一下：如果我们扔掉奥迪100的小轮胎，我们将在销量上领先戴姆勒和宝马，奥迪可以在很大程度上决定轮胎的驾驶性能。”这个想法就是这样诞生的。

通过这一举措，较大的轮胎变得比较小的轮胎更便宜，随后也被较小的车型奥迪80所取代，并再次增加了产量。后来，这种做法被推广到高尔夫等其他车型。大众集团最终购买此类轮胎的数量是其最接近的竞争对手的8倍。

这个例子中有两点值得注意：首先是批量捆绑的典型价格效应。大众不仅使用了需求汇总和比价，从而节省了15%的价格（除了物流和生产复杂性降低的好处，这应该被添加到总成本计算中），而且还应用了产品改进，因为他们现在可以“决定轮胎的性能”。最终，通过在许多不同的车型上使用相同的组件来增加体积的想法导致了汽车的模块化，并引入了大众的平台战略。在这样的背景下，当费迪南德接任大众汽车的董事会主席一职时，合乎逻辑的首要任务是改进采购，聘用最好的采购经理，他选择了从竞争对手通用汽车企业挖来的伊格纳西奥·洛佩兹（后来通用甚至对其前采购经理提起诉讼）。

洛佩兹进入了董事会，并从根本上改变了大众汽车的采购组织，他讨论的许多元素后来成为或正在成为“行业标准”，包括以下内容：

（1）组织。不是在每个工厂都有一个独立的采购部门，而是建立了一个矩阵组织，整个企业的决策是在一个联合采购委员会中做出的。这样，就建立了集合的组织条件。

（2）高级采购。与等待工程人员设计产品不同，高级采购新部门的成员从一开始就加入新产品开发团队，进行价值分析研讨会，定义规格，选择供应商，同时管理昂贵的变更订单——这些订单可能从技术方面转移，但在商业上不太可取。高级采购的一个重要任务是避免过度工程，这本质上是一个需要专门的过程和结构的组织问题。

（3）模块采购。不购买单个组件，而是购买预组装模块。模块是由几个通常代表一个物理单元的组件组成的部件，它们可以共同安装在最终产品中，并接管某种技术功能。以汽车为例，座舱是一个模块，由驱动轮、速度表等几个组件组成。购买整个模块而不是它们的单个组件会减少 OEM（原始设备制造商，如汽车企业）的生产深度和供应商的数量，从而使采购有可能将足够的时间用于每个供应商，并应用整个可用的采购工具集。这些只是采购革命的几个组成部分，其他还包括全球采购及其双重风险管理、持续改进、供应链优化等。

要总结关于大众汽车的采购功能如何引领该企业崛起的案例研究，还有一个重要的注释：尽管洛佩兹引入的现代采购组织无疑代表了改变游戏规则的第一个火花。但值得记住的是，大众汽车还将持续改进的理念不仅应用于技术组件的改进，而且应用于采购功能的发展。大众汽车设立了汽车大学 (AutoUni)，在这所大学里，大众汽车的执行董事会有自己的学院。采购研究所（与代表其他企业职能的同级研究所一起）管理着一个博士项目，旨在培养下一代企业领导人，还在不断追求新的采购实践的应用和发展。

案例思考：根据案例中洛佩兹为大众带来的三大“行业标准”——组织、高级采购和模块采购，结合本章所学习的内容，尝试为其在大众供应链和竞争力改善中所扮演的角色和作用，按其重要性进行排序并解释。

案例实践

香雪制药

香雪制药是一家总部位于广州的中药制药公司，产品涵盖中药系列，以抗病毒糖浆为主。

该公司是 20 世纪 50 年代发展起来的乡镇（集体所有制）小型中药企业。1997 年，香雪几乎破产，后来被当地一位成功的商人收购，并更名为香雪制药。在他的领导下，这家小公司迅速发展，并从传统中药领域扩展到新的高科技领域。公司产品不断升级，战略多元化，从中药和健康食品到生物医学工程、中药种植和教育，四大战略家族共 80 多个品类。2005 年，《福布斯》(Forbes) 将其列为中国最具增长潜力的 100 家公司之一。

1. 研发 / 设计

该公司正在学习西方发展中医的方法，寻求更好地理解中药的科学基础，包括如何使用药物，并提高中医药的整体形象。

该公司正在通过引入良好生产规范标准和改善整个供应链的协调来提高生产能力。公司还将研发重点放在中药有效成分的鉴定和纯化上。公司于 2007 年探索与英国一所大学药理学系建立研发联系。

2. 生产 / 供应管理

· 公司在所有权变更后很快就获得了 GMP 认证，以确保 TCM 在卫生和效率方面符合行业标准。

· 公司开发和制造自己的预批材料，以确保高质量的生产。

· 公司引进先进的制造技术，在洁净室配备全自动生产线，还上线了由企业资源规划工具支持的先进计划系统。这些生产过程加强了对知识产权的保护，这是中药面临的一个特别挑战。

3. 销售 / 服务

· 该公司的营销策略非常激进。与大多数中药公司不同，它赞助了真真足球俱乐部，并利用媒体宣传其健康药品和食品。

· 开展中医药教育，提高中医药的地位。

· 它正在开发分销渠道，以廉价中药下沉到国内农村市场，使用非处方渠道作为主要途径，并通过使用农村医院系统来支持。

· 将国内中药市场划分为六大区域市场，战略定位于南部和东部市场。它有效地利用有限的资源，成功地渗透到这些市场，并发展其核心业务。

尝试和你的团队成员一起进行如下实践活动：

针对香雪制药的发展现状以及行业竞争中所面临的局面，结合本章知识点，为其在新冠疫情期间的业务战略布局等制定一份供应链风险评估报告。

思考练习题

1. 名词解释

①战略采购

②生命周期成本

③内包

④外包

⑤采购道德

2. 选择题

①应对供应商风险的方法包括（ ）

A. 规避风险
B. 转移风险
C. 降低风险
D. 杜绝风险

②离岸外包的风险包括（ ）

A. 成本较高
B. 文化障碍
C. 知识产权
D. 技术水准

③现金转换周期的类型包括（ ）

A. 正现金转换周期
B. 负现金转换周期
C. 净现金转换周期
D. 零现金转换周期

④以下属于采购道德政策内容的是（ ）

A. 支持中小企业发展
B. 不使用童工
C. 禁止歧视
D. 鼓励竞争

3. 论述题

①以国内乳制品行业为例，尝试用文中提到的四种采购投入来对其进行划分。

②举例说明哪些行业分别适合较大规模内包、外包甚至离岸外包，原因是什么?

③以国内家用电器行业为例，尝试分析管理供应商关系需要注意的事项有哪些?原因是什么?

第八章　产品和服务

学习目标

△了解“制造浪费”。

△熟悉生产计划与调度。

△理解产能的类别和作用。

△掌握制造流程类型与生产策略。

基本概念

生产计划；生产进度；产能；制造流程；生产策略

从流程的框架上来看，通过供应链运作参考模型（SCOR），我们知道“制造”指的是将组件转化为对客户有价值的新产品或服务的一组流程，监督这些流程的工作通常被称为运营管理。

无论是制造产品或提供服务的企业，产品或服务都有各自的供应链。本章将分析如何设计企业的运营，确保其供应链始终在正确的时间制造正确的产品和数量。

企业首先要明确生产计划，其次要研究制造产品的两种主要类型：（1）离散制造——产品或组件是单独或批量生产的，经过一系列并不连续的工序的加工最终装配成型；（2）连续制造——产品或组件是连续生产的，所需要的生产原料基本都是均匀、连续地按照生产工艺进行。再次，企业须考虑并确定是在客户下单之前生产还是下单之后生产。最后，一些影响管理质量和可持续性的关键因素逐渐浮现。不要小看这些可能非常细微的因素，因为从宏观角度上来看，它们可以影响到企业的战略执行；从微观角度来看，它们会影响到制造流程的目标能否实现。

第一节 生产计划

在制造企业中，决定要生产什么、要生产多少，以及什么时候生产，这些被称为生产计划和调度。服务型企业也同样如此，但是如果你在服务型供应链中工作，尽量不要纠结于“制造”这个词，只要记住，任何制造流程的重点都是将原料、技术和设备等投入转化为客户所需的产出。对于一名外科医生来说，制造流程就是进行外科手术；对于一个艺术家来说，那就是创作一幅画、一件雕塑或其他能体现其思想内涵的作品。

一、计划生产

在企业制定生产计划之前，需要考虑很多因素。以下罗列的 10 点，可以帮助你判断生产计划是否可行：

（1）确定客户何时需要该产品，或者他们是否现在就需要。

（2）确定制造产品需要耗时多久。

（3）确定制造流程的能力。

（4）确定制造产品所需的准备时间，以及是否影响其他产品的准备时间。

（5）确定如何排定制造产品的优先顺序。

（6）确定需要哪些零件、组件或其他形式的供应，以便制造出满足特定需求的产品。

（7）确定是否已具备足够数量的原料库存以及需要订购的数量和方式。

（8）如果必须订购零件，要确定供应商的交货时间和产品的保质期。

（9）识别出任何可能影响生产的风险。

（10）确定是否需要为停工、假期、产品（产线）转换和设备维护等安排时间。

以上因素可能仅列出了非常重要的一部分需要考虑的问题，随着许多意外情况的出现或环境的变化，生产计划可能很快就变得难以应付。为避免出现类似情况，企业需要预先制定一个标准的生产计划流程，并附上执行规则和说明，同时最好确保这些规则能为企业提供足够的灵活性，以便在需要时进行调整和更改。

图 8-1 是制定一份生产计划所涉及的流程视图。

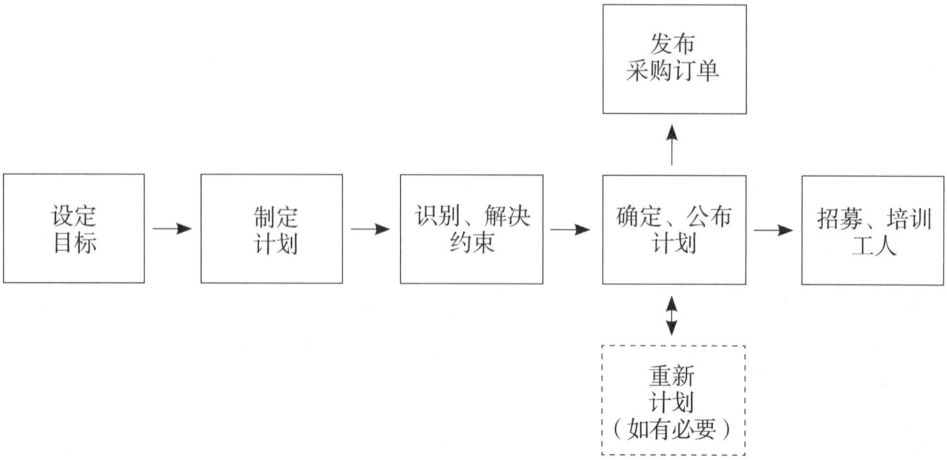

图 8-1　生产计划流程图

二、设定需求目标

生产计划通常始于一个高级的目标设定：如果你的快餐连锁店认为下个月在华东地区的消费顾客人数将达到 500 万人次，那么你就应该制定 500 万个汉堡的需求目标。这个高级需求目标被称为主需求计划（Master Demand Schedule，MDS）。如果企业的 MDS 是基于乐观（例如疫情后的第一个暑假）预测（历史同期及上月度的销售数据），这当然是可以的，但也要尽量保持合理，因为某些特殊的情况可能导致线下销售非常惨淡，即使是线上的外卖点餐也会受疫情规模等约束。对于根本无法完成的销售目标，制定生产计划是没有意义的。

三、制定生产计划

在确定了需求目标之后，企业须把销售目标分解成主生产计划 (Master Production Schedule，MPS)。换句话说，制定 MPS 意味着企业该如何决定每天需要做什么来满足 MDS 目标。MPS 会迫使企业更仔细地观察所需要的生产原料以及何时需要它们，这也会促使企业去计算现在所拥有的人员和设备，即计算企业的产能，来保证目标得以实现。

企业在制定 MPS 时，会发现生产约束的切实存在，这可能会是干扰生产的瓶颈或其他问题。例如，你可能无法订购到足量的原材料，因为你的供应商没有足够的产能；又或者是你们的生产设备生产的速度不够快。在快餐店的例子中，MPS 需要解决的两个明显的约束是空间和时间：因为门店存放食材的空间有限，而且这些食材如果是在正值暑期的地区就会容易腐败，所以要在变质之前食用；另外就是食材的运输及时性会极大地影响快餐店的供餐时效性。

每个发现的约束都需要企业做出明智的决定来加以解决或规避。例如，寻找一个新的供应商或租用额外的储存空间；或者可能需要更改原有的生产计划。针对约束的分析和解决过程重复数次是很常见的，因为每次企业更改 MPS 来解决一个约束时，需要检查该更改是否会影响其他约束。换句话说，生产计划是一个循环流程。

四、确定生产计划

企业知道了需要订购的原料，并确信它们可以按时交付后，就是确定、发布和执行所制定生产计划的时候了。最终的生产计划将告诉你的团队他们的实际生产目标，即你希望的产量以及按照什么进度制造；企业的生产计划还将驱动采购订单的形成，授权采购部门和团队从供应商处采购所需原料，生产计划因此分解为作业任务和产品批次。一旦安排了具体的作业任务，就可以安排零件的交付顺序，以便实现准时化生产（Just-in-Time，JIT），供企业使用。

精益生产常常包含了组件或零件的交付顺序和准时交货两块任务。例如，在汽车装配厂有许多不同种类的汽车座椅内饰，所有座椅按照特定的顺序排列，然后被送到装配线去实现 JIT。

如果一切正常，那么你的生产计划将保持原样，无须改变，但事实并非总是如此。即使生产计划已经确定、公布并正在实施中，但如果货物的运输出现延迟或生产机器出现故障，所有的一切安排和计划都得改变甚至泡汤。当你尝试去调整生产计划时，就可能需要改变生产作业的顺序或调整生产目标本身。当然，重新计划也会影响到你的供应商和你的库存水平，因为它会改变你使用每个组件或零件的顺序。由于许多活动都是由生产计划驱动的，频繁的重新计划会导致混乱。

这种经常发生变化的生产计划被称为紧张计划（Nervous Schedule）。紧张计划会在供应链中造成浪费，比如不必要的工作和过剩的库存。

大多数企业都会选择在不造成供应链混乱的情况下，提前一定时间改变生产计划。这个阈值通常以天或周为单位，称为时间栏。例如，企业可能会决定更改生产计划，但至少要提前一周通知。一旦他们跨越了这个时间栏，例如一旦他们离生产运行启动仅剩不到一周的时间，该计划就会被冻结，并且不允许再做更改。

在这个过程中，企业越早识别出约束并重新规划生产计划，情况就会越好。在大多数情况下，在已经发出采购订单后更改生产计划意味着企业最终会有额外的库存，这将增加企业成本。

我们试想一下快餐店生产计划上面临的挑战。比如汉堡的销量比预想的要少；连续高温天气情况下冰淇淋需求旺盛导致原料不够或者生菜 / 番茄上检测出大肠杆菌从而被召回等意外情况的发生。

在过去，人们总得手动准备和更新生产计划，这是一个复杂、耗时的过程。如今，大多数企业通过使用物料需求计划（MRP）软件自动更新进度表来解决这些问题。

五、考虑产能问题

任何工人、设备和机器在特定时间内加工或生产的数量都是有限的，我们把这个极限称为产能。测量和定义产能的方法有很多，但当你剔除那些无关的细节之后，每个供应链经理都需要了解以下三个概念，因为它们是你的生产计划中考虑的因素：设计产能、操作产能和产能利用率。

1. 设计产能

设计产能（或理论产能）是机器（或人）所能生产的最大限度。想象一下快餐店的设计产能，即使每个员工和每台机器在每天的每一分钟都在连续运转，所生产的汉堡和薯条仍然不是无限多的。

2. 操作产能

员工需要休息，设备需要维护，软件需要升级，工厂会因为节假日而停工关闭，所以你会发现设计产能不可以被视作企业真实的、实际的产能。当你把所有这些约束因素都考虑进去时，你最终会得到一个新的极值，这比你的设计产能要低得多。这个极值被称为操作产能（或有效产能）。

除非企业只反复生产一种产品，否则就可能需要关闭一些机器，并在作业之间进行更改，例如切换工具或引入不同的生产组件，这个准备时间会影响生产产品的操作产能。当然，流程中的任何环节都可能出错，如某台机器可能会突然故障、供应商交货延迟导致存货不够用、工厂可能会因为雷暴雨而停电，或者有员工上班迟到或突然请病假。这些问题加上由此产生的其他连锁问题都可能会使生产流程减缓，而且所有这些问题都会降低生产效率。

在很多情况下，企业可以做一些事情来增加操作产能，比如招募培训更多工人、加班或更改维护程序。因此，在管理生产计划的操作产能时，需要增加一些柔性。供应链管理者的一个共同目标是增加操作产能，并使其尽可能接近设计产能。

3. 产能利用率

由于以上所有这些因素都会约束企业的生产，一个制造流程的实际产量往往只是你认为它可以生产的量的一小部分。衡量生产产出或产量的一种常见方法是计算企业实际能够使用的基于操作产能的百分比，这个百分比称为产能利用率。如果你的生产流程全速运行，制造尽可能多的小部件，那么你的产能利用率会无限接近 100%；在所有情况都如预计进行，没有任何预计外情况出现时会达到 100%。

供应链管理的一个共同目标是提高产能利用率，产能越高，生产的产品就越多。

我们通过快餐店的例子来了解这些概念是如何联系在一起的。你实际生产的汉堡数量就是你的产量，它比你的操作产能要小，而操作产能又比你的设计产能要小。图 8–2 说明了实际产量（产能利用率）与操作产能和设计产能的关系。

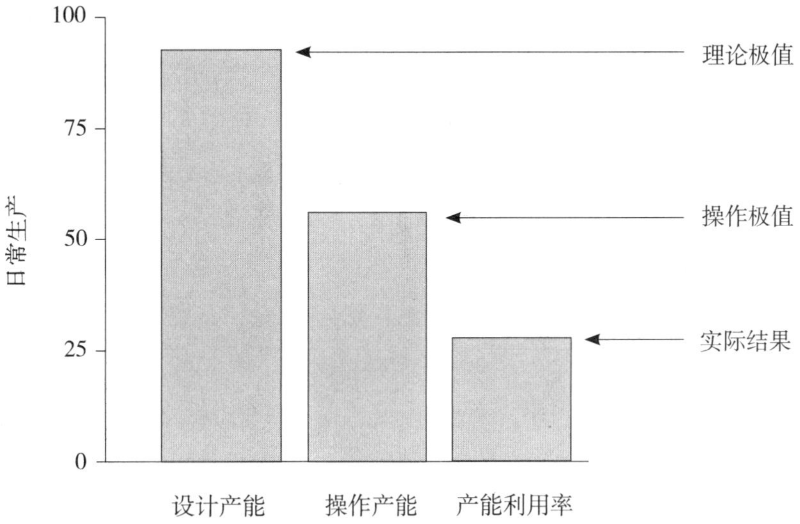

图 8–2　操作产能和设计产能

起初，提高产能利用率听起来总是一个好主意。但当你更仔细地观察它时，有时它实际上会增加你的成本、降低你的效率。例如，你的汽车可能有能力以每小时 200 km/h 的速度行驶，然而，在接近每小时 150 km/h 时，它的油耗会变得高很多。除了燃烧更多的汽油，以 150 km/h 的速度开车还会导致许多部件更快地磨损；快速行驶途中如果遇上路面不平整或行人的突然出现，你的反应时间就会缩短，危险系数就会骤增。因此，即使汽车有能力跑得更快，为了更加安全和不增加机器不必要的损耗，你可能会选择较慢的速度进行日常通勤和出游；换句话说，你会决定以远低于汽车的设计能力的方式来驾驶你的汽车。

同样，当产能接近极限时，制造流程的效率往往也会降低。一个显而易见的原因是，设备可能磨损得更快，从而导致故障。此外，提高产能利用率还可能会造成库存问题，因为你的供应链的其他部分也许不能同步跟上（参考第 4 章的约束理论）。

供应链部门的目标之一是生产与客户购买数量相同的产品，即提供尽可能等量的供应来满足需求。如果产量很高，但销售额很低，提高产能利用率只会增加不必要的库存，并占用企业大量的现金，这对供应链是不利的。生产计划的目标是在客户需要的精确时间内制造尽可能多的产品，要围绕客户需求和供应链约束建立生产计划，确保有效使用产能，同时保持尽可能低的库存。

第二节 识别制造流程类型

全世界的制造业供应链类型可以大致分为两种：离散制造和连续制造。

离散制造是将一些产品作为单独的对象或批量进行生产，它们是由一个离散的流程产生的。

连续制造是指不容易被分离成单独的对象、组件或批次的其他产品，它们是由一个连续的制造流程来完成的。

例如，在快餐店中，汉堡和薯条是用离散的制造流程制作的，在快餐门店完成的往往是制造流程的最后步骤——“解冻 + 加热”或者“解冻 + 煎炸”；而冰淇淋则是用连续的流程制作的，通过冰淇淋机做出指定口味的冰淇淋。

了解离散制造流程和连续制造流程之间的基本区别，会帮助企业思考供应链如何运作，并寻找出更有效的管理方法。

一、离散制造流程

我们可以找到许多用离散流程生产产品的例子，如电视机、汽车、吉他、家具和服装。一个离散的制造流程的产出通常是在某一段时间内生产出的产品数量，一般是以小时或天来计量。这个指标便是生产率。

离散制造也适用于服务型企业的供应链。例如呼叫中心可以用每天处理的呼叫数量来衡量它的“生产率”；清洁服务可以通过每周清洁的房间数量来衡量其“生产率”。

离散制造通常被分解成针对每个产品的重复操作，但是企业有两种不同的方式来执行这项工作：通过将作业（流水线或装配线）交给工人或通过将工人带到作业中（单元式制造）。二者区别如图 8-3 所示。

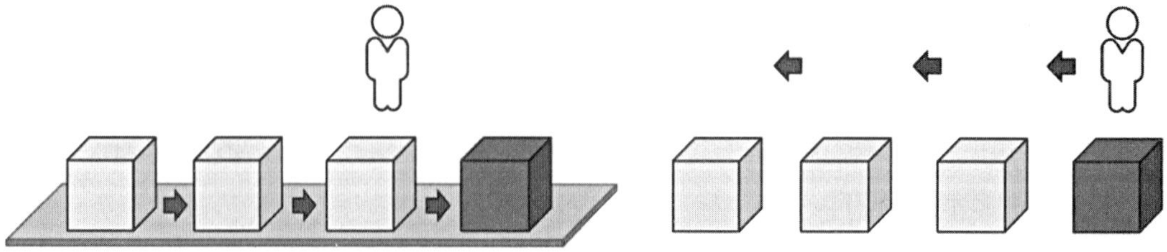

图 8-3 流水线制造与单元式制造

福特汽车企业 (Ford Motor Co.) 在 1913 年率先使用移动装配线，推出了 T 型车。他们的生产流程的周期时间只有 93 min，生产速度是每 3 分钟 1 辆车。因为在那个时代，如此快的速度是难以置信的，以至于约束他们的生产条件之一便是油漆干得不够快。

在离散制造过程中，你可以使用流水线把作业交给工人。在流水线上，相同的生产步骤在每个工位重复进行，而产品则从一个工位不断地移动到下一个工位。流水线中每一步所需的时间被称为节拍时间（Takt Time）。Takt 在德语中是“指挥棒”的意思，交响乐指挥家挥舞着指挥棒为管弦乐队设定节奏。所以在制造业中，节拍时间就是完成工序中每一步所需的时间。为了在流水线上创造一个流畅的流程，每个步骤都需要有相似的时间。调整工艺步骤以达到一致的节拍时间被称为平衡。

所有生产步骤从开始到结束所需要的时间称为周期时间。换句话说，生产每一个产品（或每一批产品）所需的最短时间便是周期时间。周期时间是将流程中所有步骤的时间加起来计算出来的。

对于那些体型笨重难以移动或需要大量时间来定制的产品，使用流水线可能不是最好的方法，将工具和组件送到一个专门地方来构建整个产品可能会更容易。生产这些产品的地方被称为制造单元；这种方法则被称为单元式制造。制造单元可能位于制造大型产品如飞机、轮船的大型工厂之内，也可能位于生产诸如珠宝或手绘工艺品的迷你工作室之内。

无论企业使用的是单元式还是流水线制造，离散制造的能力都是相对灵活的。你可以只操作一个生产班次（甚至是一个班次的一部分）然后就关停生产线；如果你需要更多的产能，你可以在同一条生产线上增加第二个或第三个班次，而不需要购买新设备或改变制造工艺。

从缺点来看，流水线本身决定了任何形式的闲置都是烧钱的过程。虽然工人可以不停地轮班，生产原料可以不停地投入，以确保流水线一直处于满负荷运转，但企业产能虽然受制于流水线产能极值但更取决于下游市场的实际需求量。如果买方市场对该产品不感兴趣，流水线上的产品终将成为库存积压，且闲置一条流水线从成本角度来说也无益于企业的运营成本管理。

离散制造的另一个挑战是生产步骤之间的差距，而每个步骤需要不同的时间量。

烘焙一个汉堡可能需要 3 min，但下一步用酱料和蔬菜添加在汉堡肉上并放在上下两片面包间只需要几秒钟。所以你可以说，离散制造是“块”状叠加物，流程之间的时间差距造成了时间浪费和效率低下，“块”与“块”之间的叠加会造成效率的偏差甚至增加差错出现的可能。

当应用精益制造时，供应链经理会寻找方法来减少流程步骤之间的差距，甚至在整个供应链的产品流之中。精益制造的许多原则可以通过使离散制造流程更像连续制造流程来减少低效率的出现。

二、连续制造流程

很多生产流程并不涉及单个的物品，如啤酒厂、化工制造厂、汽油精炼厂、食品加工厂、制药厂和饮料厂等，甚至电力发电厂燃烧煤或天然气都是使用连续制造流程的例子。

这些产品的共同特点是生产和加工流程不易分开，通过一系列的加工装置使原材料进行化学或物理变化，最终得到成品。

连续的制造流程往往是高效的，因为流程中每个步骤的能力可以根据相同的物料流动速率或吞吐量进行大小调整。然而，准备和停止连续流程通常比准备和停止离散流程更慢，也更昂贵。

在连续制造中另一个常见的挑战是，从生产一种产品到开始改为生产另一种产品。这时，你可能需要停止生产线，清理掉原有设备，重新调整或增减工艺，改变原料投入比例或工序顺序，然后重新启动整个产线。因此，尽管与离散制造相比，连续制造流程通常更高效，但它可能不会给你足够的柔性来调整生产速度或改变生产的产品类型。

第三节 生产策略

供应链的有效性最终决定了企业的成功。为了在客户想要的时候给到他们想要的东西，你需要决定你是应该在客户准备采购之前制造产品，还是应该等到他们下订单再开始制造流程。选择正确的生产策略基于两个因素：你正在制造什么以及你的客户需要什么。在第四章中，我们已经了解了有三种类型的生产策略可供选择：

（1）备货型生产；

（2）订货型生产；

（3）订单设计型生产。

图 8-4 通过这三种生产策略显示了它们如何影响可能的定制量和产品的交货时间。

图 8–4　三种生产策略

产品的总交付时间（也称为客户响应时间或交期）是指从客户下订单到企业将产品交付给他们之间的时间。总交付时间由几个较小的交付时间段组成，包括处理订单所需的时间、制造产品所需的时间以及将产品交付给客户所需的时间；换句话说，总交期包括订单处理交期、制造交期和交货交期。

当企业决定好了使用哪个生产策略，就需要考虑客户会在多快时间内需要该产品、制造该产品需要多长时间以及需要的定制规模（或量）有多大。

一、备货型生产

如果你的客户马上需要一种产品，而该产品又不需要定制，那么你可能希望有一些预先制造好的产品供他们购买，这种方法被称为“备货型生产”。因为库存的存在，可以确保你能够快速满足客户的订单。

备货型生产的最大好处是，客户可以立即实现他们的订单。拥有高可获得性的产品对于保持客户满意度和增加你的市场份额非常重要，如果企业没有可供客户采购的产品，可能会把生意拱手送给竞争对手。

备货型生产当然也会面临各种挑战：

（1）当企业在收到订单之前制造产品，需要告知客户接受产品即成品，无法接受任何形式定制和更改要求。

（2）企业需要预测客户会购买多少以及他们何时购买。企业这么做就是在冒险推测未来会有这类需求，实际上可能并不是这样。

（3）在企业制造了产品之后，它们会积压在库存中，占用现金流，直到成功售出，让产品转换回现金，这其实让你的企业付出了成本。所以企业还必须考虑仓库的空间成本以及移动、管理和维护库存所需的人员及其他投入。

（4）库存可能被盗或损坏，也可能过时或无法使用。

二、订货型生产

如果你的制造交货期比客户要求的响应时间短，你可能不需要任何库存；相反，你可以等到收到订单，然后开始为客户生产产品。这种“订货型生产”比“备货型生产”有很多优势，消除了库存和仓储成本，由此释放了现金，这些最终都会直接转化为利润的增加。

赛百味的三明治就是一个很好的例子。赛百味在开门营业时已经准备好了所有的食材，但它不会去提前制作某个口味或食材搭配的三明治；相反，它可以等待顾客先下订单，然后开始配餐。

另一个可以帮助理解的例子是商务名片印刷。名片印刷的器具和耗材在名片样式确定前已经全部就绪，待客户下单后，才会开启印刷工作。

要想成功地应用订单设计型生产策略，企业需要解决三个挑战：

（1）必须知道预期的客户响应时间。

（2）生产交货期必须比客户要求的时间短。

（3）制造工艺必须可靠，并有足够的能力满足客户的需求。

如果客户希望在 48 h 内完成订单，而制造产品需要两周时间，那么订货型生产策略显然行不通。但如果客户可以在下单后等待两周，而你可以在 48 h 内制作产品，那么订货型生产就是一个有吸引力的选择，因为这种策略可以在不影响产品可获得性的情况下降低成本。

三、订单设计型生产

在某些情况下，客户想要的特定产品和服务实际上是无法预先计划的，如游艇、赛车引擎或定制家具。当你的客户想要这种类型的定制时，你必须等到他们下订单才知道你要做什么。这种生产环境下需要使用“订单设计型生产”策略。

在订单设计型生产中，企业通常不需要担心大量的成品库存，因为客户得到的产品或服务完全按照他们的要求定制和制造。但另一方面，在将产品交付给客户之前，你的交期会拉长，同时需求预测和生产计划的制定也会非常困难。

你可能正在试图理清流程类型和生产策略之间的差异。

流程类型通常由产品的类型决定。离散制造用于制造需要组装的产品，连续制造用于生产需要将原料混合、融合或特定配置的产品。

生产策略的类型与你的客户能够接受的交付时间和他们需要的定制量有关。如果要求的交货时间很短，那么你就没有时间定制，生产策略将是“备货型生产”，客户将从你的库存中购买产品。如果客户希望进行一些定制，并且能够容忍更长的交货时间，那么你的生产环境将是“订货型生产”。当你的客户想要一些非常独特的东西，并愿意给你时间来设计和制造，那么你就应该选择“订单设计型生产”。

图 8-5 中的矩阵给出了适合每种制造流程类型和每种生产策略的产品示例。

	备货型生产	订货型生产	订单设计型生产
离散制造	玉米片	汉堡包	家庭装修
连续制造	汽油	沥青	专业涂料

图 8-5 生产策略与制造类型

第四节 实施质量控制和质量保证

无论制造流程是连续的还是离散的，无论采用哪种生产策略，企业的所有客户都希望获得一定质量水平的产品和服务，因为确保企业的供应链可以生产出高质量的产品，对企业的成功具有很大的影响。

一、劣质产品的风险

以下是一些劣质产品的潜在成本示例：

（1）对质量较差的产品进行修理、返工和报废；

（2）缺陷产品发货后的退货、修理和更换；

（3）退款与现金流迟滞。

劣质产品也会给企业未来业务的开展带来严重的风险：

（1）客户转移；

（2）产品销量和口碑下滑；

（3）诉讼与索赔。

除以上所列举的方面外，低劣的产品质量还会让企业的利润从很多其他渠道或形式中流失，这也可以解释提高产品质量对于企业的重要性。那么企业可以从哪些方面着手提高生产流程的质量呢?

二、控制质量和可变性

想象一下你经常光顾的快餐店，作为顾客你会如何描述所点的薯条的质量。这里有一些客户可能会重视的东西：

（1）食材清洁，食用安全；

（2）完全煮熟而且（口感上）脆、热兼具，咸淡适宜；

（3）足量（按照包装的尺寸规格，如小薯、中薯和大薯等纸盒容量的上限填装和供应）；

（4）供应情况（准备迅速，趁热供应）。

企业可以通过质量控制（Quality Control, QC）和质量保证（Quality Assurance, QA）来衡量产品的质量和制作产品的流程中有多少可变性存在。

QC 包括测试本身和针对产出的检测，以确保两者都是可接受的。例如，QC 可能包括每小时从生产线上撤下一些产品，并把它们带到实验室进行测试；或者任命专业技术人员（如抽检新车），以确保所有汽车能正常工作。

QA 着眼于生产流程中的每个步骤，并通过衡量可变性来确保一切正常运行。QA 从产品是流程的产出这一认知开始工作，如果整个流程始终是完全相同的，那么所产出的产品也将始终是完全相同的。如果生产工艺发生了变化，哪怕是一点点，成品也会有所不同。

许多企业会交替使用质量控制和质量保证这两个术语，这显然会使企业员工对这些认知产生混淆。

严格地说，质量控制是对产品的检测，质量保证是对流程的管理。在任何制造流程中，控制可变性是质量保证的核心。

在任何流程中，存在少量的可变性是自然的，也是必然的。例如，在餐馆里没有一个顾客可能注意到他们是在 3 分钟内收到薯条、还是在 3 分 10 秒内收到薯条。生产环境中有很多东西在一天中都可能发生变化，比如温度和湿度，而每一个变化都会导致流程中的微小变化，这被称为可控可变性。企业所选择接受的可变性的量称为控制限度或公差。只要流程保持在它的控制范围内，企业就可以保持产品质量的一致水平。

像六西格玛这样的持续流程改进方法可以帮助收紧流程中的公差，这意味着产出将更加一致。企业可以接受范围内的变化，但是当变化总是以意外的或极不规律的形式出现并且超出所设置的控制限度时，这类变化就会成为一个问题。这种类型的可变性称为随机可变性（或不可控可变性）。

例如，餐厅内的一名顾客发现其他顾客都是在 3 分钟内就拿到了汉堡，但他却花了 30 分钟才拿到食物。如果一个流程产生的结果是随机的，那么很有可能许多产品都无法满足质量标准或客户的要求。通过调查不受控制的可变性的根本原因通常会发现流程中所隐藏的风险或问题。如果做一个汉堡竟然要花费半个小时，那么可能是流程中的某个环节出了问题，如设备问题或员工问题或其他问题。管理者需要确定根本原因，然后针对性地更改流程以防止该问题在将来发生。

专注于在流程中实施和管理质量的企业经常寻求 ISO9001 认证。国际标准化组织（ISO）负责质量管理体系的认证，企业能够获得 ISO9001 认证是向客户展示能够始终如一地生产产品的一种能力。由于质量问题会影响供应链的上下游企业，许多制造企业也要求他们的供应商获得 ISO9001 认证。

识别和消除不受控制的可变性的根本原因可以帮助企业解决整个供应链中的问题。

如果进一步分析，企业还可以提出类似于可控可变性的常见原因可变性分析，以及类似于随机可变性的特殊原因可变性分析。

常见原因可变性来自环境中的某些因素，如工作环境的温度或湿度；而特殊原因可变性可以指向特定的原料或设备供应源头或某些事件的发生，如错位的流程设计与工艺顺序等。

虽然质量控制和质量保证需要花费企业相当的资金和时间投入，但它们是针对可能导致其他非必要成本和潜在缺陷的一种保险政策。了解低质量产品背后的真实（潜在）成本，如返工、品牌侵蚀和保修或维修，可以帮助企业明晰投资于质量管理所能获得的收益。

第五节 减少“制造浪费”

大多数企业在思考制造流程时，关注的是如何将一组“投入”转化为一组“产出”。当然，成功的“产出”就是能卖给客户的产品或服务。相应地，制造流程也必然会产生无用的“产出”，我们称之为“生产浪费”或“制造浪费”。简单来说，就是在制造流程中遗留下来的废弃物，包括金属屑、二氧化碳气体、废弃的工具，旧的包装材料都属于此类。随着“制造浪费”的产生和增加，企业管理它们的成本也随之增加，制造流程的设计和管理对这些由制造产生的浪费有着极大的影响。企业寻找降低供应链上的浪费的原因有以下两点：

（1）制造所产生的浪费都源自生产投入；

（2）制造所产生的浪费都必须有专门的处理机制和渠道，并支付相关的费用。

一方面，减少浪费就是更有效地利用企业投入；另一方面，减少浪费就是对地球和环境的社会责任。当企业在产出各种各样浪费的时候，就应该认识到这些浪费应该通过什么方式去避免和减少。例如，一些供应链使用一次性瓦楞包装，如果可以用木制、金属或塑料制成的可重复使用的容器取代这些纸板箱可能会减少一种浪费，也可以省钱。但在一般情况下，瓦楞纸板可能是一个更好的选择，因为它运输轻便而且更容易回收。此外，还可以将部分废弃物转化为热能或电能，从而减少设备的运营费用，一些有机废弃物还可以制成堆肥。另外，非化石能源的应用和推广也是许多企业履行绿色制造和企业社会责任的良好表现。

在处理“制造浪费”时，企业要记住3R原则：减少（Reduce）、再利用（Reuse）和回收（Recycle）。

“减少”原则体现在生产中，就是要求生产者通过优化产品设计、生产工艺等来减少单位产品的原材料使用量、能源消耗量和污染物排放量。

“再利用”原则主要是针对流程控制的，目的是延长资源和产品的使用时间。一般通过产品多次使用或修复、翻新后继续使用，以延长产品的使用周期，防止产品过早成为垃圾，从而节约生产这些产品所需要的各种资源投入。

“回收”原则属于输出端方法，是把废弃物再次变成资源循环利用以减少最终处理量，并减轻环境压力，包括废品的回收利用和废物的综合利用。

案例分析

Zara，Benetton 和 H&M 的产品与服务

现在的服装零售业与之前任何时代都已截然不同。时尚是快速、复杂和狂暴的，不同的流行趋势可以重叠却又不尽相同。许多服装零售连锁企业，如H&M和Zara，在全球不同的特定市场展示并出售最新的时尚产品和低价产品。在快时尚的世界里，T台设计以任何人都能承受的价格快速进入商街商店。衣服的质量意味着它可能只能穿一季，但快时尚的消费者不想要过时的潮流。正如《新闻周刊》所言：“时尚零售商H&M和Zara的成功之处就在于‘快速挑货’。（他们）通过实践‘快时尚’的新科学而茁壮成长，压缩产品开发周期多达6倍之多，但顾客看到的零售业务只是为他们提供产品的供应链的末端部分。”

简单来说，快时尚供应链有四个阶段：首先是服装的设计，然后再进行生产；接着，它们被分发到零售网点，在那里展示和销售零售业务，以反映企业的品牌价值。

1. 贝纳通（Benetton）

大约60多年前，卢西亚诺·贝纳通(Luciano Benetton)通过颇具争议的广告宣传，将其姐姐设计的明亮休闲毛衣销往整个欧洲（后来又销往世界其他地区），从而席卷了时尚界。到2005年，贝纳通集团的业务遍及全球120个国家。该企业主要销售休闲服装，主要是

旗下的 UCB 和更时尚的 Sisley 品牌，每年生产 1.1 亿件服装，其中 90% 以上在欧洲生产。其 5 000 多家门店的零售网络创造了年约 20 亿欧元的收入。与 H&M 和 Zara 相比，贝纳通的产品被认为不那么“高级时尚”，但质量和耐用性更高，价格也更高。

2. H&M

H&M 于 1947 年在瑞典成立，目前在全球 20 个国家的 1 000 多家门店销售服装和化妆品。他们的经营理念是“最时尚、最优质的价格”。该企业拥有 4 万多名员工，营收约 6 亿瑞典克朗，最大的市场是德国，其次是瑞典和英国。H&M 被许多人视为“快时尚”概念的鼻祖。当然，他们在压低最新时装价格方面有多年的经验。H&M 如此定义自己的快时尚供应链:“我们确保了最好的价格，因为我们的供应链中很少有中间商；另外我们坚持大量采购，同时在服装行业有丰富的经验，对哪些商品应该从哪个市场买非常了解，配有高效的分销系统，在每个环节都有成本意识。”

3. Zara

Zara 的第一家店是在 1975 年偶然间开设的。当时女装睡衣制造商 Amancio Ortega Gaona 的一大笔订单被取消了,因此 Zara 开的商店只是为了销售这批被取消的订单。现在，包括 Zara 品牌在内的 Inditex 控股集团在 39 个国家拥有 1 300 多家门店，销售额超过 30 亿欧元。Zara 品牌占该集团总零售额的 75% 以上，其总部仍位于西班牙西北部。到 2003 年，它已成为全球增长最快的服装零售商。Inditex 集团还拥有其他几家品牌连锁店，包括 Pull and Bear 和 Massimo Dutti。该企业总共雇用了近 4 万名员工,与大多数快时尚企业相比，该行业以高度的垂直整合著称。该企业认为，正是他们在供应链上的整合，使他们能够快速、灵活地响应客户需求，同时将库存保持在最低水平。

4. 设计

这三家企业都强调设计在这个市场的重要性，虽然不是高级时装，但都抓住设计趋势对成功至关重要的理念。2004 年，H&M 聘请了高级时装设计师卡尔 · 拉格菲尔德，后者此前以与更多独家品牌合作而闻名。对 H&M 来说，他的设计是按价值而不是排他性定价的，“我为什么要为 H&M 工作？因为我相信物美价廉的衣服，而不是‘便宜’的衣服。”然而，H&M 的大多数产品来自斯德哥尔摩的 100 多名设计师，他们与一个由 50 名图案设计师、约 100 名买家和一些预算控制人员组成的团队合作。该部门的任务是在构成 H&M 商业理念的三个组成部分之间找到最佳平衡：时尚、价格和质量，然后决定购买量和交货日期。

Zara 的设计职能组织方式与大多数同类企业不同。通常，设计来自三个独立的功能：设计师本身、市场专家和向供应商下订单的买家。在 Zara，设计阶段分为三个产品领域：女装、男装和童装。在每个领域，设计师、市场专家和买家都汇聚在各自的设计大厅，其中还包含小型工作室，用于试验原型设计。所有三个设计大厅的市场专家都定期与 Zara 零售店联系，讨论顾客对新设计的反应。这样，零售店就不是整个供应链的末端，而是供应链设计阶段的开始。Zara 的设计师总数约为 300 人，平均年龄 26 岁，每年生产约 4 万件商品，其中约 1 万件投入生产。

贝纳通还有大约 300 名设计师，他们不仅为所有品牌设计服装，还从事新材料和服装概念的研究。自 2000 年以来，该企业开始在全球范围内标准化他们的产品范围。该企业一度有超过 20% 的服装系列是根据每个国家的特定需求定制的，而现在只有 5% 至 10% 的服装是定制的。这使全球提供的个人设计数量减少了 30% 以上，加强了全球品牌形象，降低了生产成本。

H&M 和 Zara 都摒弃了每年推出春夏和秋冬两个“系列”的传统行业做法，而是采取“无季节周期”方式，包括在全年滚动的基础上不断推出新产品。这使得设计师能够从顾客对新产品的反应中学习，并将其快速融入更多的新产品中。

5. 制造

贝纳通曾一度将生产集中在意大利工厂。随后，该企业大幅增加了在意大利以外地区的生产，以充分利用劳动力成本较低的优势。意大利以外的业务包括在北非、东欧和亚洲的工厂，每个地点的运作方式都非常相似。一个由贝纳通所有的中央运营机构负责一些制造操作（特别是那些需要昂贵技术的），并协调由小型承包商（通常由前贝纳通员工拥有和管理）组成的网络执行的劳动密集型生产活动。这些承包商可能反过来将他们的一些活动分包出去。该企业在意大利的中心设施将生产分配给每个非意大利的网络，决定每个网络生产什么以及生产多少。例如，夹克是在东欧生产的，而 T 恤是在西班牙生产的。贝纳通还拥有其主要原材料供应商的控股权，以确保其工厂的快速供应。贝纳通还以服装装配后染色而闻名，而不是使用染色的线或织物。这将颜色的决定推迟到供应过程的后期，以便有更大的机会生产市场所需的产品。

H&M 自己没有任何工厂，而是与大约 750 家供应商合作。大约一半的生产在欧洲进行，其余主要在亚洲。它在世界各地有 21 个生产办公室，负责协调供应商。这些供应商每年为 H&M 生产超过 5 亿件商品。生产办公室和供应商之间的关系是至关重要的，因为它可以让面料在早期就可以采购到位。服装的实际染色和剪裁可以在生产的后期决定。向供应商下订单的时间越晚，买错东西的风险就越小。根据货物的性质，平均供货周期从 3 周到 6 个月不等。

据说 Zara 的交货周期是业内最快的，从 T 台到货架的时间最短可达 15 天。根据一位分析人士的说法，这是因为他们拥有用于制造产品的大部分制造能力，他们将其作为一种刺激客户需求的手段。Zara 大约一半的产品是在其 20 家西班牙工厂网络中生产的，这些工厂和贝纳通一样，往往专注于剪裁和染色等资本密集型业务。分包商被用于大多数劳动密集型的作业，如缝纫。Zara 从自己的全资子企业购买约 40% 的面料，其中大部分是未染色的，在组装后再进行染色。大多数 Zara 工厂和他们的分包商采用单班制，以保持一定的产量灵活性。

6. 分销

贝纳通和 Zara 都投资了高度自动化的仓库，这些仓库靠近他们的主要生产中心，后者为他们的零售网络储放、包装和组装个人订单。这些自动化仓库是两家企业的一项重大投资。

2001 年，Zara 宣布将开设第二家自动化仓库，引起了一些媒体的评论，因为根据计算，它只使用了现有仓库容量的一半左右。近年来，贝纳通宣布正在探索使用 RFID 标签来跟踪其服装，这也引发了一些争议。

在 H&M，虽然库存管理主要是在内部进行，但物流是外包的。很大一部分货物从生产地点通过 H&M 在汉堡的中转终端运往零售所在国，货物到达后经过检查并分配到仓库或集中仓库储藏室。在 H&M 内部，集中的商店库存室被称为“呼叫仓库”，根据销售的商品级别随时对商店进行补充。

7. 零售

所有 H&M 的门店（平均规模为 1 300 m^2）都由 H&M 拥有并单独经营，这样做的目的是“在店内创造一种舒适、鼓舞人心的氛围，让顾客很容易就能找到他们想要的东西，感觉就像在家里一样”。

这和 Zara 的商店类似，尽管它们往往较小（平均面积为 800 m^2）。Zara 商店最显著的特点是服装在店内的停留时间很少超过两周。由于产品设计通常不会重复，而且生产的批次相对较小，所以店里陈列的服装每两到三周就会发生巨大变化。这既有利于顾客避免延迟购买，又促使他们经常光顾商店。自 2000 年以来，贝纳通一直在重塑其零售业务。过去，贝纳通的绝大多数零售网点都是由第三方经营的小商店；现在，贝纳通拥有并经营的几家大型商店（1 500 至 3 000 m^2）也加入了这些小商店的行列。这些大型商店可以展示贝纳通的所有产品，加强贝纳通的购物体验。

案例思考：从生产策略和减少“浪费”的选择和实施角度，分析三家企业的不同和相同之处。

案例实践

2020 年年初 COVID-19 连续几周占据当时英国主流媒体头条，许多英国人都预料英国会不可避免地宣布封城。关于何时实施封城的讨论相当多，但关于如何实施封城的讨论却很少。由于每个国家采取不同的方法，问题仍然存在：如何在不影响关键供应链的情况下最好地实施封城？

从表面上看，封城似乎是公共卫生和维持国家经济之间的一种权衡。当然，许多人会认为这根本不是选择，因为公共卫生是最重要的。但这两者之间的联系要紧密得多，而且不仅仅是经济萎缩对人们生计的长期影响。

2020 年 3 月份，英国超市的需求增长了 25%，导致大范围的缺货。但这是恐慌性抢购的迹象，还是“尽可能少购物”封城建议的必然后果呢？虽然有一些居民恐慌性地囤购，但由于封城时间不确定，这确实提出了一个问题，即“每周”购物的合理数量和时间框架是多少？

这种“回购”不局限于口粮，更包括饮用桶装水、卫生用品等，这一切都加剧了超市、卖场等消费场所的缺货现象。关闭咖啡馆和餐馆，同样是一个可以理解的措施，但也增加了大型零售商的压力，总体需求的激增在一定程度上是真实的。

在协调应对方面，英国极大地受益于六家主要零售商，如特易购（Tesco），它们占据了 80% 以上的市场。在政府的干预下，供应链的协调成为可能，食品零售商通过延长送货时间共享分销网络。英国的这些变化可能会迅速提高人们的食品供应，然而，如果不吸引 Deliveroo 等现有外卖公司的新产能以及从已被封存的行业转型的新参与者，在线送货上门的需求仍将难以得到满足。

在国际上，印度实施了更严格的封城措施。在某些情况下，这意味着农村地区的农民已经收获的粮食无法到达需求最旺盛的城市中心，这实际上已经关闭了食品供应链。

在未来的生产方面，用于收割庄稼和管理加工厂的关键临时工人已经返回他们的家乡，通常是步行，因为公共交通在 4 h 前就被关闭。交通枢纽中，大量人群试图登上仅存的几辆公交车，完全破坏了交通禁令旨在防止交叉感染的社会距离政策。

尽管主要城市的消费者短缺，但农民仍在丢弃他们收获的农产品，地里的作物、水果和其他蔬菜都没有采摘。这一点尤其令人担忧，因为旁遮普邦和哈里亚纳邦的主要收获期将于 4 月中旬开始。这可能不仅仅是一个短期问题，它可能会产生灾难性的长期影响。

除了个别国家的封城之外，关于国际供应链的讨论也同样复杂。在药品和医疗器械供应方面，一些主要国家出台了出口禁令。欧洲五分之一以上的仿制药来自印度，三分之一以上的医疗器械来自中国，这一供应链的脆弱性就很明显，已经出现了征用外国工厂仅对东道国供应的报告。包括德国和法国在内的欧洲国家未来面临个人防护和医疗设备短缺的风险，已限制向邻国出口。人们可以看到，这与英国超市中关于消费者囤积的讨论有相似之处，但是范围扩大到国际范围内。欧盟对南欧危机的反应尚未出现，这引发了对国际合作的质疑。

在全球粮食供应方面，一些最大的小麦和大米生产国，即哈萨克斯坦和越南，已经暂停出口。这表明，即使是主要出口国也预计国内供应将严重中断，这对未来几个月的供应安全来说不是好兆头。虽然英国等一些国家受益于复杂的物流，可以在正确的时间将可用的库存运送到正确的地方，但他们对进口农产品的依赖（英国占 50%）需要采取行动。

不得不承认，地方和国际层面的供应链合作将对缓解各国政府的封城管控措施带来的影响至关重要。

尝试和你的团队成员一起进行如下实践活动：

包括英国在内的许多国家因为新冠疫情而曾颁布的封城政策使全球供应链的重要性和不可中断性再次成为各方关注的焦点，试结合本章知识点，思考如何有效重塑供应链弹性和协作。

思考练习题

1. 名词解释

①生产计划
②生产进度
③产能
④连续制造
⑤离散制造
⑥备货型生产
⑦订货型生产
⑧订单设计型生产
⑨制造浪费

2. 选择题

①判断企业生产计划是否可行的标准包括（　　）
A. 是否带来利润确定制造流程的能力
B. 确定需要哪些零件、组件或其他形式的供应，以便制造出满足特定需求的产品。
C. 如果必须订购零件，要确定供应商的交货时间和产品的保质期。
D. 确定是否需要为停工、假期、产品（产线）转换和设备维护等安排时间。
② 主需求计划的英文缩写表达应该是（　　）
A. MPS　　B. MDS
C. MSD　　D. MSP

③“客户可以立即实现他们的订单”指的是（　　）

A. 预测型生产　　B. 备货型生产

C. 订货型生产　　D. 订单设计型生产

④ 以下描述产能关系正确的是（　　）

A. 设计产能≥有效产能≥产能利用率　　B. 设计产能>有效产能>产能利用率

C. 设计产能=有效产能=产能利用率　　D. 设计产能≥有效产能>产能利用率

3. 论述题

① 举例说明备货型生产、订货型生产和订单设计型生产分别适合哪些产品的生产与制造。

② 举例说明质量控制和质量保证对于大型娱乐性场所的存在意义和具体作用。

③ 为某知名电子产品生产商制定一份旨在减少“制造浪费”的 3R 原则。

第九章 交付

学习目标

△了解各种运输方式。

△熟悉运输方式的选择和仓储与库存的作用。

△理解库存管理流程和订单履行与管理。

△掌握如何建立库存订购策略。

基本概念

运输方式；库存管理流程；库存订购策略；第三方物流

你知道日常食用的蔬菜沙拉是怎样送到超市和餐桌的？这些都源于一条从蔬菜农场或种植基地开始的供应链。

这种大规模、集约化的种植和经营，通过射频识别（RFID）技术条件，为每个地块或蔬菜种类设置标签，从种植到包装的整个过程，如蔬菜类型、生长时间、喷洒农药、使用化肥、收获时间等都做好信息采集和记录。

接下来，蔬菜通过卡车或火车送到工厂进行加工，经过消毒、清洗、切割、分装后被运送到配送中心，再由配送中心送抵各批发或零售点直至送上货架。

这条供应链的每一步都涉及多个参与者和多项决策，每个步骤都必须正常工作才能保证食材的在最为新鲜的时效期内完成加工和销售；否则，顾客既买不到蔬菜色拉，厂家也会赔本。

了解如何协调所有这些物流，是供应链管理的一项关键任务。

第一节 运输决策的参考因素

在这个世界上，快速运输不仅是一种理想期望，而且也是一个奢侈选项。为企业选择正确的物流运输方式对企业业务的成功、产品的安全和客户的幸福指数是至关重要的。在选择一种物流运输方式之前，请考虑以下因素并使用这些信息来指导企业的运输决策。

一、产品

首先，分析你要运输的货物/产品是危险的、易腐烂的还是难以处理的？集装箱的尺寸是多少？这些信息对于选择能够在预算范围内容纳产品的运输方式是至关重要的。

二、位置

接下来，考虑两个地点——货物的出发地和最终目的地。

1. 装运起始地

即你从哪里发货？货物的位置很重要，因为这是运输里程数跟踪的起点。另外，企业是否具备通往海港、铁路或机场的通道？

2. 跨境

即是否需要跨境运输并需要特殊通关？所运输货物将越过什么自然边界？虽然某种特定运输方式可能是产品最合适的选择，但如果运输货物的所在位置不方便获得这些选择，它可能比其他方式更昂贵和耗时。

3. 装运目的地

即货物将要装运到哪里？运输目的地是需要考虑的最重要因素之一。计算总运输距离，需要考虑到所有的站点和检查站。

4. 客户

即是向个人还是企业发货？这可能关乎哪种速度或运输方式更可取。

三、特殊注意事项

最后，要考虑到关于运输方式的一些特殊考虑：

1. 时间

即一年中运输所在国(或地区)允许运输货物的时间,例如,在节假日或者疫情期间——可能会影响整体的发货时间。

2. 紧急程度

即所运输货物有多紧急?无论是在经济上还是在客户眼中,企业能承受这种延迟吗?

3. 预算

企业在运输上的资金投入固然越多越好,但对长期运营来说,控制在预算之内是至关重要的。

4. 现有关系

检查企业可以支配或者有权使用的资源,例如企业已经与哪些航运和物流企业建立了合作关系?他们在目前可以提供什么样的服务?

第二节 运输方式的比较

无论如何发货,每种方式都有其优点和缺点,为企业找到最佳运输选择的秘诀是理解这些差异。以下是每种交通方式的分类及其优缺点。

一、卡车——公路运输

公路运输至今已经取得了长足的发展。在这其中,卡车运输对于需要快速、小批量的货物直接运输到仓库或客户地址等,是最为理想的运输方式。

在跨境卡车运输中最常见的商品是计算机和相关部件、电机、汽车和马达部件,其他依赖卡车运输的行业包括食品杂货和零售、电子商务、建筑和农业。

卡车运输的好处包括以下方面。

1. 更少的限制

与其他运输方式相比——特别是航空运输,卡车运输对包括重型或危险材料的限制要少得多。由于内置的导航系统和实时跟踪能力,卡车比其他运输方式更容易跟踪,所以企业总能及时定位货物的确切位置。

2. 成本低于空运和海运

与空运和海运相比，卡车运输非常经济，因为相关的费用如燃料和卡车维护等，成本要低得多。

3. 更高的可达性

公路交通是高度可达性的。公路运输对于绝大多数企业来说都是切实可行的，在中国，高速公路连通着无数的大中小型城市；而且，不是每个企业都具备铁路、机场或其他形式的运输工具或资源可供挑选。

4. 提供更多的选择

有许多不同的专业卡车运输企业可以运输易腐烂的、危险的或超大型的货物。与航运企业不同，你也可以选择像包裹、整车运输或者零担运输。当企业只需要运送少量货物时，包裹运输是一个很好的选择。与包裹运输类似的是零担运输（LTL）。当你的货物少于一卡车，但太大或形状特殊，不适合包裹运输时，零担运输同样是理想选择。与整车运输相比，包裹和零担运输提供了其他运输方式所不能提供的灵活性。

5. 门到门服务

卡车运输最重要的好处是能够将产品直接运到客户手上。尽管由于产品的类型和大小或最终目的地的不同，最后一公里配送并不总是可行的，但卡车运输提供的门到门的可能性是许多企业选择它的最大原因之一。

尽管有这么多的好处，在选择卡车运输前还是有一些重要的因素需要考虑，例如时间。与其他运输方式相比，卡车运输的时间更长，更容易受到发货延误的影响。卡车在主要道路上的平均时速为60~80 km；一些其他因素，如道路封闭、恶劣天气或交通拥堵，也可能对交付时间产生不可预测的影响。

二、船舶——海洋运输

目前，海洋运输占世界贸易经济的90%以上。仅美国一国，就有近70%的国际商品贸易依赖水路运输。当企业的业务需要运输重量巨大、体积庞大的货物时，或者跨境之间的运输，船舶运输通常是可行的方法。

与航空运输相比，货船能够以很小的成本运送大重量的货物。对于大宗散货，如金属、农产品、建筑用品和其他飞机无法合理运送的物品，它都是首选的运输方式。

海运的好处包括：

1. 容纳更多的空间和重量

虽然货船的长度和大小不一，但在平均意义上一般可以携带数千甚至数万吨的重量。因此，对于必须同时运输的超大货物或大宗货物，船舶往往是最好的、也是唯一的选择。

2. 成本比空运低

由于柴油燃料成本较低，海运通常是比空运更经济的选择。另外，货船按照固定的时间表运行，因此也不太可能出现代价高昂的运输延误。

3. 提高运输的安全性

由于船舶在固定的路线和计划的时间表上运行，货物将经过最少的环节处理。在大多数时候，它会被安全甚至封闭地储存在一个运输容器如集装箱中，这对容易损坏或者对温度敏感的货物来说是较好的运输选择。

但海运也不一定总是最经济、最方便的选择，这取决于货物仓库的所在位置。然而，关于海上运输，最重要的因素是运输货物所需的时间。虽然船舶能够比其他运输方式承载更大的货物，但海上运输所需的时间要长得多。对于依赖快速交货的企业来说，它通常不是首选的运输方式。

三、火车——铁路运输

自从铁路发明以来，火车在世界各地的贸易和物流中发挥了重要作用。在铁路运输的货物中，排名前三分别是机动车和零部件、矿物燃料和塑料。铁路运输是那些需要快速、定期地交货的企业的理想选择。

铁路运输的好处包括：

1. 提供更大的运载能力

火车可以远距离运输重型散货，如煤炭，能比卡车运输更重的货物。

2. 减少延误

火车按照固定的时间表运行，使它们成为可预测和可靠的交通方式。由于铁路是在固定线路上独立运行的，铁路运输通常不太容易出现卡车货运如交通堵塞或恶劣天气影响所导致的延误。

3. 将其对环境的影响降至最低

尽管运输对环境的影响取决于各种不同因素的组合，但火车对环境的影响往往比卡车、飞机和轮船要小，因为它们运行所需的燃料更少。

铁路运输需要考虑的两个主要因素是：

（1）运输时间。铁路运输比卡车和空运慢，而且在整个运输过程中往往需要多次转运。

（2）可达性。由于不是每个地区都有铁路，所以铁路运输几乎总是需要其他形式的运输工具来配合运输货物。其中，最常见的搭配组合是与卡车（公路）运输相结合，以提高运输效率。

四、飞机——航空运输

如果你想要快速、直接和安全地交货，航空运输往往是最好的选择。航空运输可以跨越世界上的大部分地区，它是长距离、快速运输（包括跨境运输）的理想选择。与铁路和船舶运输相比，航空运输的范围也更大。作为全球贸易的绝对运输支撑，航空运输的地位是任何其他运输方式所无法比拟的。

航空运输的两个最重要的好处是：

1. 能够快速交货

尽管偶尔会有航班延误，但在大多数情况下，航空运输比船舶、卡车或飞机运输要快得多。此外，飞机按照固定的时间表飞行，在安排运输时，这种可靠性是一种优势，特别是需要迅速（通常是连夜）交货的易腐货物。

2. 提供更强的安全性

飞机提供的运输速度对产品质量是一种强有力的保障。由于严格的飞行检查和在飞行中受到的干扰极少，航空运输可以提供最佳的安全保护和处理。

然而，航空运输也存在一定的局限性：

（1）费用。因为航空燃料费用和其他一些额外费用，如机票、维护、检修、某些材料的特殊处理费用等，航空运输比卡车运输更为昂贵。当货物不需要保证快速交货时，地面物流比如卡车往往是更经济的选择对象；相反，对于那些能够负担得起成本并依赖快速运输的企业来说，航空运输则是更理想的选择。

（2）限制。由于航空运输的天然属性和安全考虑因素，运输货物在尺寸、重量和种类属性上都有极为严格的限制。

五、管道——特殊运输

另一种特殊的运输方式是管道运输。管道运输的现代化应用可以说跨越了家庭、商业和工业等多方面用途。管道可用于将天然气输送到住宅区（家庭用途），也可以将航空燃料输送到机场（商业用途），还可以将原油输送到炼油厂（工业用途）。

如果不使用复杂的管道网络，石油从生产井到炼油厂间的高效运输是不可能也不敢想象的。铺设跨度大和区域范围广的管道网络确保了家庭和工业用户能够获得重要的、生产和生活必需的气体和液体燃料的有效流动。

从国内公用事业角度来看，管道运输可将水和家用天然气输送到住宅区，给室内提供供暖和安全饮用水。

从商业或工业角度来看，精炼石油燃料也可以通过长距离管道直接运输到事先规划好的工业设施地点。

管道运输的好处包括：

1. 大容量运输

管道可以输送大量的石油和天然气，它比传统的铁路、卡车或轮船运输更有效。

2. 更安全、更连续的交通

由于石油和天然气的挥发性和高度易燃的性质，运输必须尽可能安全地进行。在这方面，管道将大大降低运输过程中的爆炸风险。大多数管道网络都铺设在地下，这极好地限制了它们与大气中自然元素的接触可能。此外，地面上的管道铺设通常是专门设计的，可以承受不利的环境温度和天气变化，确保不会发生泄漏的危险。

3. 占地面积小，避开人口密集地区

管道运输的另一个有益的特点是它们所占的地上面积可以忽略不计，因为通常情况下，大多数管道系统都埋在地表下。例外情况是，遇到天然岩层阻隔通过的地方或区域，在地下铺设系统会出现不理想的经济效果。

此外，石油输送管道会尽可能避开人口密集地区，这种地下管道网络的意义在于减少了与运输地点附近的人口密集活动区域有关的潜在灾难性危险。

4. 缩短施工时间

铺设与安装一条石油和天然气输送管道系统所需要的时间，与建造一个类似长度的专用轨道运输系统相比耗时短得多。铁路建设项目需要考虑到复杂的地理地形和不利的气候因素，这意味着需要更多的规划、人力投入和更长的工期（通常长达数年）。管道建设的速度则相对更快，因为大容量的管道可以较轻易地穿过自然的地理屏障。

5. 降低能源消耗，降低运输成本

与卡车、铁路或船舶相比，管道系统消耗的能源相对较少，但运输量却要大得多。在模块化工艺的帮助下，管道运输可以简化石油和天然气的计量过程。

6. 环保

使用管道输送石油比传统的铁路和油船运输更环保。与其他运输方式相比，石油运输线路对环境的破坏较小。鉴于管道建设的绝对密封性以及远离地面建设的原因，可以极大程度地降低碳足迹。

管道运输的局限性在于：

（1）运输对象的局限。管道运输专业性强，运输货物过于专业化，运输项目仅限于气体、液体。

（2）路线固定，无法调整。由于管道网络的选取和设计都是事先经过精密计算和环境考量的，因此一旦建设完成，即意味着路线的固定和无法改变。这种单向运输和极低的运输机动性也是其在建设和规划中需要全面考虑和权衡的。

（3）固定投资大。据国家发展和改革委员会统计，我国著名的“西气东输”工程（将新疆塔里木盆地的天然气送往豫皖苏浙沪地区）的一线工程总投资约 1 200 亿元，二线工程总投资约 1 420 亿元，三线工程建设总投资 1 250 亿元。从如此庞大的资金投入不难看出，管道网络和建设需要极大的资金支持和投入，并不是所有的国家和企业都具备和拥有足够的财力支撑管道项目的开展和建设。

第三节 运输方式的选择

企业选择何种运输方式来运输货物，取决于以下三个因素：

一、产品特征

企业需要考虑运输方式对货物的意义所在，同时还应该考虑需要运输的集装箱类型。例如，体积小的、重量轻的、有价值的产品可以通过航空运输，但对于体积大、质量较重、价值较低的产品，空运通常不是一个实用的选择。零担可能比整箱便宜，但货物可能更容易损坏，因为它会在运输过程中需要多次装卸。有些食品可以用干货集装箱运输，有些则需要冷藏。有些产品，如木材和大型管状货物，从平板集装箱装载和卸载比从干货集装箱上操作更加容易。

二、设施特征

企业还需要考虑运输路线上途经的基础设施配套情况，这不仅包括起始地和目的地的相关设施，还包括配送中心、港口和交叉货仓。例如，装卸码头有不同的设计高度，每个配送中心都有不同的物料搬运设备。企业可能会发现，通过零担运输 1 000 t 货物可以节省成本，但因为目的地的码头高度不匹配，最后不得不选择用整箱运输。

三、时间限制

企业还需要考虑与时间相关的问题。很显然，速度是交通运输中一个重要的考虑因素。更快的方式通常需要花费更多的资金，但这样的选择自然有它的好处。例如，用海运集装箱运输电脑相对便宜，但需要 30 天才能漂洋过海到达。这意味着客户必须等待很长时间才能拿到他们的电脑，自然而然他们可能会选择从交付更快的竞争对手那里购买。与此同时，托运人的营运资本是与海运过程中的这些货物捆绑在一起的，所以空运这些电脑虽然更贵，但可以增加收入，降低库存成本。

通过评估以上因素，企业可以计算出每种运输方式的成本，以确定哪一种方式对特定的货物最有意义，即哪一种运输方式能以最低的价格提供最大的价值。企业也可以通过创建路线指南，根据货物类型、负载大小和起始地与目的地的不同情况等因素来指定使用哪些运输方式和选择哪些承运人。

如果你是一个大型托运人，你可能能够让承运人相互投标，从而给到你最低的价格。承运人根据起始地到目的地的位置和距离和你希望的运输数量进行投标。在 A 点取货并在 B 点卸货的过程似乎很简单，但承运商还需要找到一个客户，付钱让他们在 B 点取货并将货物带回 A 点。这种安排被称为载货返航或回程（backhaul）。如果你的承运人认为他们可以找到与你的运输路线匹配的回程，他们会以更低的成本为你运送货物；如果承运人不能找到回程，他们的卡车必须空着返回，承运人会收取你双向里程的费用。

企业需要提前预估到各种情况和可能的结果，才能计算出符合企业利益的最佳选择。

第四节 仓储与库存

实际上，在每一条供应链中，在产品生产完毕和客户准备购买或接收之间都存在一个“时差”。这个时差意味着产品都会有一个闲置的时间段——这其中还包括那些自始至终都无法有效流通的闲置产品，最终成为积压库存。问题是，所有产品都是资金投入的产出，在产品的制造、加工和流通过程中，都需要即时跟踪其所在位置，具备专门的设施设备进行温控、包装、信息维护和安全储放以及保护它们免受损坏或丢失。换句话说，即使产品放置在仓库或配送中心，它们仍然在不断消耗企业资金，这也就是库存管理如此重要的原因。

库存管理的目标是平衡客户的需求和满足需求的成本。

假设你经营一家快餐店，你得知道，永远不要把薯条一次性用完。你必须决定你需要在库存中保留多少薯条，可能是平均足够一周使用，或者足够你在最忙的一周使用。保证你永远不会用完薯条的唯一方法是拥有无限的库存，这样做当然是得不偿失的，因为任何产品的销量都有波动，所以你必须为库存确定一些合理的目标。这个数量取决于需求（你的客户将购买多少）和与之对应的供应。如果你知道你的供应商可以在 24 h 内运送一批薯条，你就不需要在你的餐厅里保留太多库存；但如果你的供应商需要花一周的时间才能向你运送新的一批货物，你可能需要手头备有更多的库存，以缓冲需求的上升。

你可以根据图 9-1 来考虑库存的安排。每次有新一批薯条到货，库存就会增加；当你向顾客出售薯条时，库存会逐渐减少。你需要确保在你的库存水平达到零之前有新的货物到达，否则，你的顾客就会买不到薯条。这种情况被称为断货，它会产生两个问题：

（1）无利可图的同时增加了竞争对手的收入。

（2）降低客户满意度，甚至会形成糟糕的客户体验进而影响到企业口碑和形象。

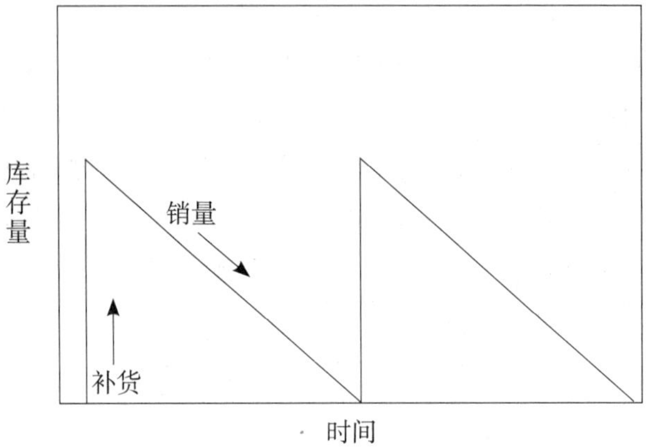

图 9-1　库存示意图

分析一家企业的销售额很容易，但计算该企业因缺货而损失的销售额或利润却很难，由此可见库存的重要性。

任何商店、工厂或配送中心都可以采用以下 7 种流程来管理实物库存。

一、接收

在货物到达时接收货物的相关工作的流程称为接收。接收通常包括安排交货的预约，以及卸货和质量检查等一系列工作。接收货物常见的场所主要包括码头、机场和仓库等。除了卸货以外，收货还包括做一些文书工作，比如在信息采集端（PDA 等）和计算机系统上作好记录。

二、储放

在产品完成接收并通过质量检验后，需要将其储存起来，以便企业在需要时可以快速找到，这个流程被称为“储放”。以配送中心为例，储放货物的地点通常有数十个甚至更多，这取决于配送中心的规模，所有这些都由仓库管理系统 (WMS) 来进行管理。

由于产品具有不同的特性（尺寸、重量等），有效划分储放区域通常是极具意义的。

举例来说，仓库的一部分区域专门用来放置轻小型物品；另一部分区域专门放置体型庞大的货物。此外，对温度和湿度等有严格要求的货物，需要另辟专门条件的仓库进行储放。在对仓库或配送中心进行布局设计的过程中，需要周全考虑货架间、区域间、仓库间的距离，方便工作人员和叉车装卸工具等的通行和操作上的安全性和快捷性。

三、库存盘点

库存就是金钱，所以从任何财务角度看，企业都需要知道自己到底有多少“钱”。为了知道这个答案，就要知道这些“钱”在哪里，通过定期对库存进行盘点，确保所有的数量、位置和（货物进出）时间记录是准确的和即时的。

实际存货盘点有两种常用方法。

传统的方法是在一年中的淡季关闭设施，清点所有货物。这个过程通常缓慢、昂贵，而且差错率高。因此，许多企业已经转向循环计数，即他们将设施分开，并在一年或一个季度的特定时间分批分次进行盘点，到年终时企业通常已经完成至少一轮彻底且完全的盘点。一般来说，循环盘点比传统的实物盘点更有效率、更准确。

库存盘点对会计来说也很重要，他们想要确保他们在账簿上看到的数字与商店出售的货款相一致。

库存盘点对于物流人员确认库存是否丢失、损坏或被盗也很有用。当库存由于无法解释的原因消失时，这种消失被称为库存损耗。损耗是库存管理的一部分，但重要的是要衡量和控制损耗，并尽可能保持在较低的水平。

四、拣货

当客户下单订购了当下储放在配送或分拨中心的某一产品时，就需要从相关区域内、仓库中、货架上或地面上，精准找到该产品，并为其运输做好准备。根据配送或分拨中心的规模与大小，此流程可能需要耗费一定时间。但是借助于计算机软件系统，包括无人分拣的广泛应用，这一工作已经逐步由人工转向智能机器人操作。特别是当有多个客户订购了相同的产品，这一工作的效率优势就会显得尤为重要和关键了。

另外，仓库执行系统 (Warehouse Execution System) 使用复杂的路由算法将客户订单转换为挑选路径，从而最小化了挑选订单的人员或机器人的时间和距离。拾取器对光系统以及其他显示器为拾取器提供视觉提示，帮助它们更快、更准确地工作。拾取语音系统与拾取者进行对话，告诉他们去哪里、挑选什么，并确认他们已经正确地完成了工作。

五、包装

当进入为客户寄送货物的阶段，为确保货物会完好无损地到达，包装的作用开始凸显。

包装就像一种保险措施，避免产品从离开设施到到达客户位置这段时间和空间距离间所面临的所有环境和环节处理上的风险。选择正确的包装取决于产品、运输方式和目的地。正确的包装方法是确保产品以最低的成本和良好的状态到达中转地点和指定交付地点。

目前，最常见的包装形式是纸板，也被称为瓦楞纤维板或瓦楞纸板。瓦楞纸板价格便宜、坚固、轻便，是各种产品包装的理想材料。然而，一些产品如果在纸板箱里移动或晃动，仍然会受到损坏，解决办法是添加填充物，如包装纸，气泡包装或悬浮包装。如果所运输的产品对水分敏感，企业可能还需要使用防腐涂层、特殊包装或吸湿包。电子产品对静电很敏感，所以这些产品需要特别的防静电保护。

六、运输

如前所述，企业有很多方法将产品从一个地方运送到另一个地方。所选择的运输方式决定了企业需要如何准备货运，包括获得正确的文书工作和标签。通过包裹运输企业运送国内包裹与集装箱船运送国际包裹的文书工作非常不同。当企业安排将产品运送给客户时，双方需要就细节达成一致，例如在哪里取货、在哪里放货、谁来支付关税、谁来支付保险以及谁来支付运输费用。托运人和承运人之间规定协议条款的合同称为提单（Bill of Lading, BoL）。提单由承运人签发给托运人，作为承运人已提取材料并同意交付的收据。为了避免混淆，这些选项的 11 个最常见的组合被简称为国际贸易术语（Incoterms）。国际贸易术语解释通则在世界各地使用，并由国际商会定期更新。

每个国际贸易术语都是一个三个字母的代码，代表一个特定的运输安排。所以当你指定国际贸易术语时，立即就会清楚谁将为运输过程的哪个部分支付费用。例如，DDP（完税交货）意味着一切费用，包括运输费用和所有关税，都将由托运人支付；而 DAP（目的地交货）则意味着运费将由卖方支付，但关税将由收货人支付。

酒精和烟草类产品的运输需要特殊的执照或许可证。其他一些产品如果可能会被认为危险的，故而不被特定的承运人接受，在运往另一个国家时也会受到贸易限制。为了正确处理所有这些运输细节，需要卖方、买方和在运输途中处理货运的每个承运人之间进行详细的沟通和确认。信息错误、人为错误和沟通不当可能会导致运输延误，从而妨碍产品迅速和安全地通关和到达客户手中。一些极端情况下，对运输流程的管理不善也可能会导致诉讼和罚款。

七、过量、短缺和损坏

当企业手上的库存数量越发庞大时，无论是在商店还是在仓库，很多事情都可能出错。例如，出货的单位数量有误，或者它们可能在供应链的某个环节受损。为了处理这些问题，企业应该有一个“过量、短缺和损坏”（Over, Short, and Damage, OS&D）流程机制。

一个好的 OS&D 流程扮演着两个重要的角色：

（1）它允许有一定时间来处理异常，从而不干扰产品和信息的正常流动。

（2）它允许企业能够有效地解决问题，并确保问题解决的相关信息得到准确记录。

第五节 建立库存订购策略

如何保持适当的库存对于企业来说是一件棘手的事情。如果持有太多的库存，就会因为占用流动资金而影响企业的业务开展；如果库存过少，就会面临收益降低的风险，因为企业没有足够的东西可以卖给客户。因此，企业需要做的两个最重要的决定是什么时候订购更多的库存以及订购量是多少，而做出该决定的方法我们称为库存策略。

我们首先从何时向供应商订购更多库存这个问题开始。每当企业的当前库存水平低于某个设定值时，企业开始向供应商下订单，在这种情况下，当前库存水平即是库存策略的触发器。另一种情况是，企业可能希望按照设定的时间表来订购库存，例如一周一次，在这种情况下，库存策略是根据定期订单而构建的。根据库存水平触发订单通常比定期订单更有效，但对于供应商而言，他们更倾向于定期安排交货，因为这样更方便，交付难度也较低。因此，企业需要了解所处供应链的动态信息变化，以便就使用哪种库存策略做出最佳决策。

下一个问题是要订购多少。在数学意义上，我们可以借助经济订货批量（EOQ）来帮助选择订单数量或批量大小。EOQ 公式将下订单的成本（订购成本）与持有库存的成本进行平衡，这在理论数学意义上来看非常有效，但在现实世界通常需要适当调整才能发挥作用。例如，你可能会计算出你的 EOQ 是 15 个小部件，但是发现该部件实际上是以 20 个一包的形式出现。在决定订购多少商品时，你还需要考虑其他因素，比如即将到来的大型促销活动，以及预计对某一产品的需求是会增加还是减少。

由库存策略管理的对象称为库存单位（Stock-Keeping Units, SKU）。假设你的配送中心销售三种尺寸的同类型牙膏。每个尺寸都是一个单独的 SKU，依此来建立和实施库存策略可能会变得复杂。想象一下，同时为 10 000 个 SKU 优化库存会是什么样子？因此，库存策略通常由 WMS 来自动管理。

在之前章节提到的精益制造中，有一种叫作看板的库存管理策略。看板系统的逻辑很简单，从最后一道工序通过信息流向上一道工序传递信息，这种传递信息的载体就是看板。在一个看板系统中，企业为每个 SKU 选择一个批次大小，并且批次大小永远可随意改变。看板系统与在一定库存水平下触发的策略是一样的，它有一个固定的订单数量（批量）。

供应链各工序如果没有看板，就既不进行生产，也不进行运送；随着看板数量的减少，相应的生产量和库存量也随之减少。由于看板所标示的只是必要的量，因此运用看板能够做到自动防止过量生产、过量运送。这样由下游需求触发的订购或生产，可以防止许多代价高昂的错误（如过度订购和缺货）。看板系统有助于确保库存在需要的时候到达（而不是之前），所以它是一种拉动式的管理方式，也是精益生产管理（JIT）方式最显著的特点之一。

以下我们将逐一来了解一些常见且有效的库存管理策略。

一、准时化库存

想象一下你有一家制造企业，你需要订购零件和材料来制造你的产品。JIT 的目标是只在需要时接收这些订单，这样，企业就不必储存任何非必要的产品或部件，也不必占用流动资金。

准时制是一种非常有效的库存管理策略。然而，只有在一切顺利的情况下，它才会起作用，因为供应链上的任何延误都可能导致生产停滞。

如果零售商决定使用 JIT，他们需要与供应商保持良好的关系。信任和透明是 JIT 库存的关键要素。然而，如果没有库存管理软件，跟踪所有东西并让每个人都在同一页上可能是一个挑战。

二、ABC 分析法

ABC 分析法是对存货进行分类的一种方法。通过对库存的重要性（计算每一类库存的单位价值和存有量的数值乘积）进行排序，得出不同的库存管理重点和策略。

具体来说，可将库存分为 A、B 和 C 三大类：

（1）A 类库存通常包括价格昂贵、数量不多的物品。这些项目是最受严格管理和控制的。

（2）B 类物品比 A 类物品要便宜一些，但与 A 类物品相比，其数量较多。B 类物品的库存是适度控制的。

（3）C 类项目数量最多，单位价值也普遍最低，需要的投资少，采取的控制程度也最低。

三、MRP 方法

物料需求计划是指确定生产成品所需每种原材料的数量的一种系统。MRP 系统通常用于管理库存和生产等制造过程。

库存管理是 MRP 的重要组成部分，企业可以通过跟踪原材料、成品和在制品来避免缺货和其他生产难题。

虽然大多数类型的库存管理策略都意味着控制和管理成品，但 MRP 更强调原材料。在这里，制造商首先进行销售预测，然后才订购库存。

四、制造商直接出货

制造商直接出货（Drop shipping）是一种电子商务商业模式。在这种模式下，企业无须携带任何库存就可以销售产品。这听起来可能很奇怪，但这是一种非常流行和有效的做生意方式。

当客户在该类商店订购时，供应商将产品直接运送到客户地址，店主永远不必看到或触摸产品。

制造商直接出货作为一种前期投资较少的库存策略，不会给企业带来库存风险。

然而，制造商直接出货并非没有挑战。因为你没有库存，所以你无法控制你销售的产品的质量。如果供应商不可靠，产品质量可能会受到很大影响。

五、延交订货

当客户订购的产品缺货时，卖方可以选择延迟订购该产品。这意味着客户的订单将被搁置，直到产品再次可用为止。客户需先为产品付款，然后等待产品进货。重要的是要通知客户他们的订单被搁置，以及他们什么时候可以发货。

延迟订购可能是非常有益的，但这种策略也是有风险的，因为产品没有出现在库存中，未来可能会有大量未售出的库存。

六、寄售

在寄售库存管理策略下，卖方只在产品售出后才支付货款。这意味着产品被储存在寄售店，直到客户购买，寄售店店主不必为任何未售出的存货付款。

寄售策略对卖方来说是非常有益的，因为它可以让你测试新产品，而不需要预先付款。然而，这也可能是有风险的，因为你最终可能会有很多未售出的库存，你必须为这些库存买单。

七、交叉对接

交叉对接涉及直接将成品从供应商或制造商直接或更快地转移到客户或零售商，几乎不需要处理或存储。例如，货物从一辆卡车接收，然后装载到另一辆卡车上，接着开往同一方向。这有助于减少货物在运输过程中花费的时间以及所需的处理量；还可以更快地进行补货，通过将库存放置在更接近最终客户的位置（例如，使用分布式库存模型），降低中间和最后一公里的运输成本，并更好地为最终客户提供服务。

在大多数情况下，成品从进站运输（从供应商）卸载到进站码头，在交叉对接终端进行分类和整合，并在出站码头迅速装入出站车辆（给客户或零售商），这节省了接收码头的时间和劳动力，并有助于将库存转移到下一段旅程。

通过交叉对接，企业可以快速跟踪大宗运输的零售履约流程，并消除长期（甚至短期）仓储的需要。交叉对接消除了对仓储的需求，然而，零售商有可能不得不为在运输过程中受损的产品买单。此外，如果有太多的产品在系统中流通，跟踪它们可能也是一项挑战。

八、循环盘点

使用循环盘点的零售商通常每天清点库存中一定数量的物品。循环盘点是企业面向持续改进的有效策略。

循环盘点的一个优点是它允许企业不间断地跟踪他们的库存。然而，如果物品在仓库中频繁移动，该策略可能会很耗时，而且可能不准确。

九、经济订货批量模型

经济订货批量模型（EOQ）关注的焦点是数量，具体而言是一个公司应该在一个特定的点上对订购多少库存做出正确的决定。

EOQ 可以用来确定企业一次订货（外购或自制）的数量，通过平衡采购进货成本和保管仓储成本核算，以实现总库存成本最低的最佳订货量。当企业按照经济订货批量来订货时，可实现订货成本和储存成本之和最小化。

十、VED 分析法

VED（Vital Essential and Desirable）即至关重要和可取的，主要涉及一些额外的库存零件，还有一些额外的因素是整个过程不可或缺的。例如，产品的关键部件通常都很昂贵。此外，任何公司都可能拥有较低的理想零件库存水平，而这些零件通常不是生产所必需的。

十一、FSN 分析法

FSN（Fast, Slow and Non-moving）代表快速、缓慢和非移动库存，这是最流行的库存控制方法之一，有利于控制过时品（库存）。当然，并不是所有的库存项目都是相似的。有些库存使用（频率）较多，因此需要经常更新。

根据这种方法，库存可以分为三类。

（1）快速移动的库存；

（2）缓慢的库存；

（3）不移动的库存。

FSN 分析有助于显示库存中哪些项目处于活动状态，活跃的、快速流动的货物需要定期检查。这有助于你从供应商那里做出更明智的采购决定，并保持库存与需求相关。它还可以告诉你哪些商品不再需要保留库存，因为不移动的物品是多余的，可能会占用仓库的宝贵空间。

因此，企业应该使用来自 FSN 分析的信息来确定哪些货物应该在仓库中具有优先级，哪些物品应该进入仓库。

然而，与任何分析一样，它可能会因需求的某些波动而出现偏差或不准确。也许有一年有一款非常流行的快速移动库存，但随后它就变成了一款“静止”的库存。

十二、最低安全库存

最后一种最有效的库存管理策略是安全库存。这是一种帮助企业避免缺货的库存管理方法。当使用最低安全库存时，公司会提前下新订单，特别是在现有库存还没有结束的时候。

例如，一家公司的总库存为 18 000 件，当库存达到 15 000 件时，新订单到达。在这种情况下，3 000 个单位的库存便是最低安全库存。

第六节 订单履行与管理

来自供应链下游的订单需求取决于上游企业库存中的产品数量。无论是制造商、零售配送中心或是电子商务履约中心，它们都是从下游客户那里接收订单，然后按照订单的交付时间和数量要求按部就班进行订单履行和管理，但是在具体操作上也会存在差异。

一、制造和批发

在制造和批发供应链中，客户订单通常以采购订单 (Purchase Orders, POS) 的形式出现。这里的采购订单通常也普遍被理解为是一种合同，其中买方同意向其供应商支付交付产品或服务的费用，卖方按照规定的时间交付货物。在电子采购和电子商务极为普遍的如今，POS 可以是纸质文件，当然也可以是电子形式。

二、零售配送中心

对于为零售商（店）服务的配送中心，订单可以通过多种方式触发。企业可能会从某一家合作商（店）收到一份 POS，但如果零售商（店）和配送中心是同一家企业的子企业，那么这个订购流程可能也会是非正式的。配送中心通常可以实时监控这些零售商（店）的销售情况，并在订购条件满足或触发时自动发送补货。在某些情况下，有些大型配送中心甚至可能在零售商（店）没有提出要求的情况下向其推出新产品和促销活动。

三、电子商务履约中心

过去的十几年出现了一个蓬勃发展的行业——电子商务行业，无论是 O2O, B2B,B2C 还是 C2C, 在各类电商平台上形成的电商订单，不再受限于国家和地区的地理位置，基于互联网的普及和发展，让全球化商品流通进一步得到推广和发展。中国的消费者可以从美国或者欧洲的电商平台上下单购买心仪的产品，反之亦然。在注意到网民规模的不断扩大和高速互联网的连接和成熟后，许多电商购物节也随之喷涌而出。这时就带来了一个新的挑战，短时间内暴增到天文数字般的订单量应当如何去有效交付和满足？大多数传统的分销环境是通过使用单元负载的方式将产品运送到有限数量的站点来提高效率的，但对于电子商务订单的履行，企业需要灵活地并且有效地拣选、包装和运输货物。这需要一种不同的设施布局和管理思维，随之而成熟的一个助力行业——第三方物流，由此进入了大众的视线。

第七节 第三方物流

为了处理庞大的物流相关事宜和工作，企业在许多情况下会选择由独立于买卖双方的第三方专业物流企业去负责企业局部或全部的物流工作。这些第三方物流提供商（Third Party Logistics, 3PL）是一种可以为客户降低成本和改善服务的组织。

以下是一些常见的第三方物流类型：

（1）基于资产的第三方物流：比如一家处理公路（卡车）运输的企业。

（2）非资产型第三方物流：比如一家处理仓储业务的企业。

（3）增值服务：比如一家处理配件、包装或专门处理退货的企业。

（4）货运代理服务：比如一家服务于托运人和承运人的运输货物的企业。

（5）报关代理服务：比如一家帮助客户处理出入境货物运输以及相关海关事务的企业。

（6）灵活的劳动力或劳动力增强服务：比如一家提供临时性劳动力输出以减少全职员工需求的企业。

当然，除去以上列举的企业，任何可以提供物流相关服务的企业都可以称为第三方物流企业。在电商行业快速发展的现在，第三方物流企业在其中发挥越来越重要的作用。我们在评价电商企业服务效率的时候，其实更多的是评判这些 3PL 们的工作能力和效率，这也能解释为什么越来越多的第三方物流企业在更多地提供着同质化的服务去参与行业发展的竞争和市场红利的争夺。

案例分析

Ann企业

Ann 企业成立于 1954 年，原名安 · 泰勒。它有 Ann Taylor 和 Loft 两个品牌，是一家专营女装、鞋子和配饰的零售商，在美国和加拿大的大多数州经营着 1 000 多家零售店。Ann 在美国肯塔基州路易斯维尔市有一个仓库，用于零售商店的进货和再进货，2.38 万平方米的配送中心（DC）接收来自世界各地的物资，超过 60% 的库存是交叉停靠的。换句话说，这些商品从远东的一家工厂通过集装箱船、铁路和公路进入华盛顿特区，已经包装和贴上标签,然后被送往 1 000 家零售店中的一家。它们从进站卡车上卸下,经过分拣系统，然后装载到运输卡车上，而无须在特区的货架上花费任何时间。有些商品，如一盒 T 恤需要这样做；但婚纱从工厂出厂时就已经放在衣架上，经过分拣系统，然后通过供应链一路运到零售店的衣架上。

与物流中心相关的出站分销和物流中出现的一些基本设计和操作问题包括：

（1）多大比例的货物应该交叉码头处理?

（2）应该安装什么样的物料处理系统来分拣和将货物从进站卡车转移到出站卡车?

（3）每个月需要安排多少兼职员工?

Ann 企业将其仓库设在肯塔基州路易斯维尔,这样它就可以利用 UPS 广泛的配送网络（当时其唯一的空中枢纽位于路易斯维尔），并能够连夜将包裹运送到商店。由于零售商店位于时尚购物区，租用或租赁零售空间的成本相对较高，这些商店希望使用更多的可用空间来展示商品，而不是维持商店的库存，因此，这些商店需要每周补充两到三次库存。即使工厂可能位于世界各地的多个国家，但确保所需的产品按时送到 1 000 家门店是 DC 的主要职能。

由于航空枢纽的位置，Ann 企业可以在某一天晚 10 点发货，并能在第二天将货物送到其在美国的任何门店。由于在仓库中存储物品是一项无附加值的活动，Ann 企业也倾向于尽量减少装有高价值物品的纸箱在货架上停留的时间，因此选择了交叉停靠大部分——超过 60% 的物品，尽管它们可能来自遥远的中国。像大多数零售商一样，Ann 企业面临着巨大的需求波动，其直流活动往往在 10 月—12 月期间达到峰值。因此，为了降低劳动力成本，它依靠季节性员工来完成订单。为了确保季节性雇员的可用性，Ann 企业提供有竞争力的工资以及每年的医疗保健和退休福利。当然，如果员工想要全职工作，Ann 企业将为该员工提供全职工作，但他或她必须愿意在特区的所有领域工作，而不仅仅是为了提供合理的灵活性而挑选订单。

案例思考：从配送物流和订单履行的角度来看，Ann 企业在其相关设计和操作问题上的核心考虑是什么？它的做法是否达到了效果？

案例实践

据世界卫生组织统计，目前世界上每年约有 6 亿人（约占世界人口的十分之一）在食用受污染的食物后患病，其中约 42 万人死亡。

似乎每隔几年就会爆发一场重大的食品污染丑闻，一旦发生，很可能会影响到大量的人。德国曾有一种被大肠杆菌污染的豆芽，导致 53 人死亡，近 4 000 人受到影响。

在 2013 年，13 个欧洲国家卷入了一桩食品丑闻：在一系列汉堡和即食食品中，马肉被用来取代牛肉。与其他例子不同的是，这一次没有对公众健康构成风险，但它引发了欧洲消费者的强烈反应。他们对自己在不知情的情况下食用了一种肉感到不安：这种肉要么是他们的宗教禁止他们食用的，要么是他们在文化上习惯避免食用的。

为什么这些事件不断发生？原因之一是，消费者普遍希望超市货架上一年四季都有新鲜食品。为了使这成为可能，漫长而复杂的食品供应链已经演变成由数十家跨越许多国界的公司组成，这其中就存在着无意污染的可能性，或者像“马肉案”那样，存在故意欺诈的可能性。此外，国际标准参差不齐，一些主要的粮食或食品生产企业可能缺乏必需的食品安全法律和法规来规制，从而进一步加剧了这种情况。食品安全和维护公众信心是一项复杂的工作，而全球供应链在其中发挥着至关重要的作用。

以英国和印度为例，在向英国出口食品的发展中国家中，由于产品不符合标准的要求而被拒绝的案例，印度约占 20%。

农业是印度增长最快的行业之一，但对其食品安全做法的研究一直很有限。此外，尽管印度是第二大新鲜水果生产国和第六大鱼类生产国，但由于污染或在整个供应链中保持适当温度的冷藏问题，印度约损失了 30% 的农产品。此外，抗生素的过度使用也是印度海洋出口的一个长期问题。

研究显示，为了提高透明度和可追溯性，印度的食品出口商正在抛弃传统的印度供应链模式，即使用当地贸易商或批发商作为中间商。他们认识到，农民需要发展更好的食品安全模式，他们影响农民的唯一途径是与他们建立直接关系。

食品出口商也越来越注重自己的核心竞争力，并将自己没有专业知识的供应链活动外包给外部专业企业。他们还采取了更好的方式来监控这些供应商的表现。

有趣的是，是消费者的观念——而不是食品安全标准——推动了部分行为变化。一些印度当地的公司通过使用生物农药和生物杀菌剂来回应消费者对农用化学品使用的担忧，并从西班牙进口净水器以避免水污染，还将化学品的使用降低到允许的水平以下。

尽管如此，重大挑战依然存在。

缺乏统一的国际标准是阻碍进步的最大障碍之一。目前的检测制度也无济于事，因为它依赖于最终产品的检测。如果污染发生在生产点，那么这种检测效率非常低。这也是为什么越来越多的公司开始在产品生命周期的早期进行检测。

尝试和你的团队成员一起进行如下实践活动：

针对上述案例中关于食品供应链安全性问题的讨论，试结合本章知识点，制定一套旨在帮助印度公司继续改善食品运输、食品安全、客户信任，进而更广泛地改善其在食品供应链安全性保障方面的意向书。

思考练习题

1. 名词解释

①产品特征

②设施特征

③时间限制

④看板

⑤第三方物流

2. 选择题

①库存管理的流程包括（　　）

A. 接收　　B. 盘点

C. 质检　　D. 包装

②企业在选择正确的运输方式时需要考虑（　　）

A. 产品特征　　B. 设施特征

C. 时间限制　　D. 承运人报价

③断货可能造成的直接问题包括（　　）

A. 损失利润　　B. 增加竞争对手收入

C. 降低客户满意度　　D. 增加库存水平

④常见的第三方物流类型包括（　　）

A. 非资产型第三方物流　　B. 增值服务

C. 报关代理服务　　D. 灵活的劳动力或劳动力增强服务

3. 论述题

①作为实物库存管理流程的重要一环，“过量、短缺和损坏”在实际操作中可能遇到哪些挑战，应当如何进行应对和管理?

②库存策略的选择和制定是否可以随着生产环境和产品类型的改变而进行调整，为什么?

③根据文中提到某一种第三方物流类型，举例说明现实中的某第三方物流企业是如何提供该类型服务的。

第十章　产品回流和逆向供应链管理

学习目标

△了解产品回流的原因。

△熟悉逆向供应链。

△理解闭环供应链。

△掌握逆向供应链的挑战。

基本概念

回流；逆向供应链；闭环供应链

第一节　关于产品回流

在第六章中，我们已经简单分析过回流。回流可以被视作逆向供应链形成的原因之一，我们可以从个人消费者和企业客户两个方向去分析其形成的原因。

当你作为一名顾客，特别是在零售环境中，都会希望可以快速退还未使用的（或不满意的）产品并获得全额退款。拥有灵活退款政策的商店会鼓励顾客购买更多商品，并尽可能在消费者中树立品牌形象；相对应地，那些恪守退货退款政策的商店和品牌则会产生相反的效果，在消费者心中容易引起消费抵触甚至诉讼和索赔情况的发生。

对于个人客户，在零售和批发供应链中普遍存在的产品回流场景，可以简单概括为以下三种：

（1）改变主意；

（2）礼物退货；

（3）错误选购。

对于全新或者不影响二次销售的产品，企业一般都会予以快速退货处理渠道和退款响应机制。在中国的一些知名电商平台上，还会配套专门的快递人员在客户选择的时间段内上门退货服务。同时，在实时定位物流技术系统的支持下，企业和客户都可以快速查询退货产品的实时位置。

在企业客户方面，常见的产品回流原因通常有以下几种情况：

（1）轻微磨损。

对于产品包装或产品本身留有划痕或其他轻微损伤的情况，客户可能不愿意为产品支付全价，或者直接要求退货。卖方企业有几个选择，比如重新清洗、抛光或包装产品，或者批量折价出售产品。对于企业来说，关键在于在产品当前的状况下，客户是否愿意继续按合同价格支付产品，重新包装或加工产品又需要多少成本和时间的投入，重新包装和加工后产品的价值会增加多少，以及是否能够到达合同要求的规格与标准。

（2）损坏。

由于加工、运输、包装、流通或者配送环节上的人为失误，或者不可抗力因素，或者系统性的流程设计缺失或瑕疵，有些产品交付时发现存在已经损坏、破损或者无法继续使用的情况。举例来说，有些产品在包装打开或破损后就失去了全部价值。比如医药用品就是一个很好的例子，客户不会为开封的医药用品买单。

（3）恶意篡改。

有时，客户在使用产品一定时间后会选择退货，原因可能是客户认为他们不再需要该产品，或者是因为该产品没有达到合同要求的质量规格水平。企业如何处理这些“旧”产品、次品或者已经损坏的产品，将会极大地影响与客户的关系。企业通常会在基于尊重和信任客户的前提下，允许退货，以建立品牌忠诚度和长期合作的可能性。

但在一些特殊情况下，客户会存在恶意篡改产品内容，或者以次充好，寄希望于通过部分或全部退货来达到减少或避免支付货款，或者已经找到提供更低廉价购买价格的卖方企业等情况；这种情况在个人客户中也偶有发生。对于在供应链中彼此合作的供应链伙伴而言，这样的行为是得不偿失的，不仅会损害企业的信誉，更会造成法律诉讼等结果。

第二节 关于逆向供应链

通过之前的章节内容，我们知道供应链并不总是朝着一个方向做着正向流动，与以（末端）客户为终点进行的正向供应链不同，有许多供应链是同时逆向存在和运作的。产品从客户层面开始往供应链上游方向流向分销商、制造商和供应商，企业甚至可以使用逆向供应链作为增加销售、增加市场份额和降低制造成本的一种方式。另外，逆向供应链在减少产品对环境的影响方面也发挥着重要作用。

在某些情况下，由于环境法规或消费市场压力，企业会被迫建立逆向供应链。例如，从 2003 年开始，欧盟立法要求在欧洲经营的轮胎制造商每销售一个新轮胎，就要回收一个旧轮胎。在其他情况下，企业也看到了通过重新利用或制造产品、组件来降低运营成本的机会。（例如，柯达在 20 世纪的最后一个 10 年间，从 20 多个国家回收了超过 3.1 亿台照相机。）此外，一些企业还将逆向供应链作为新业务的组成部分。例如，博世（Bosch）在销售经过再制造的电动工具方面取得了很大成功。

企业建立逆向供应链无论是出于被动因素还是出于业务发展需要，它都将面临许多挑战。这包括必须指导和培训客户，并与他们建立新的联络；决定哪些活动外包，哪些活动保留在企业内部；并在总体上评估如何将成本保持在最低水平，同时发现创新的方法来恢复价值；此外，可能还必须满足严格的环境标准。

第三节 逆向供应链的构成

逆向供应链主要由逆向物流所主导，包括产品损坏、保修期维修、产品更换、产品再加工、产品召回、循环利用或者消费者退货等。

除了逆向物流之外，逆向供应链的关键构成还包括产品获得、检验和分类处理，再加工、分销等。

一、产品获得

回收使用过的产品是创造一个盈利（供应）链的关键。产品退货的质量、数量和时间都需要仔细管理，否则，企业可能会发现自己的仓库充斥着质量参差不齐的退货产品，以至于不可能进行有效的再制造。制造型企业因此通常需要与零售商和其他分销商密切合作来管理产品获得的方式和渠道。

二、逆向物流

一旦产品回收完成，就需要将其运输到工厂进行检查、分拣和处理。逆向物流网络没有所谓的“最佳”设计，每一种都必须根据所涉及的产品及其重复使用的经济性考虑来进行定制。例如，像轮胎这样体积大的产品与像相机这样体积小但易损的产品的处理方式就截然不同。企业不仅要考虑运输和储存的成本，还要考虑退货产品的价值会以多快的速度下降，以及控制产品的必要性。在许多情况下，将物流外包是有意义的。

三、检验和分类处理

对退货产品的检测、分类和分级是一项劳动密集型和耗时的任务。但是，如果企业按照质量标准要求退货，并使用传感器、条形码和其他技术来自动跟踪和测试，这个流程就可以简化。一般来说，企业应该在退货流程中尽可能早的阶段根据质量、产品配置或其他变量做出处置决策。这可以减少许多物流成本，使再制造产品更快地进入市场。

四、再加工

企业可以从退货产品中获取价值，方法是提取和重制部件，以便重新使用，或者完全再制造成产品再出售。翻新和再制造流程往往比传统制造更难预测，因为退货的时间和质量有很大的不确定性。再次强调，在供应链的早期做出明智的决定，特别是在接受和退货分类时，将有助于减少制造的可变性，从而降低成本。

五、分销和销售

如果一家企业计划销售回收产品，它首先需要确定是否有需求，或者是否必须创建一个新的市场。如果是后者，该企业应该在消费者教育和其他营销努力上投入大量资金。再制造产品或部件的潜在客户不仅包括原来的购买者，还包括不同市场的新客户。例如，该企业可能希望瞄准那些无力或不愿承担新产品价格但会抓住机会以较低价格购买旧产品的客户。

一般来说，在逆向供应链方面最成功的企业是那些与正向供应链紧密协调的企业，创造了我们所说的闭环系统。例如，他们在做产品设计和制造决策时，会考虑到最终的回收和整修。博世就是一个很好的例子。该企业在电动工具的电机中安装了传感器，以指示电机是否值得翻新。该技术大大降低了检查和处理成本，使企业能够从再制造工具中获利。即使在逆向供应链中，前瞻性思维也能带来巨大收益。

第四节 逆向供应链的成本

管理良好的逆向供应链可以提高客户忠诚度，增加销售收入。一些在线零售商的商业战略就建立在为客户提供免费退货的基础上，网上鞋店 Zappos.com 就是一个例子。如果你在该企业的网站上订购了一双鞋子，但最终还是决定退货，你可以把鞋子直接退回去，不需要额外的费用。在国内许多的电商平台上，类似的服务同样存在，顾客可以在不影响二次销售或损坏产品等前提下享有 7 天无理由退换货服务。免费退货对顾客来说是一笔划算的买卖，它消除了消费者购买产品的风险，也会提高消费者对于品牌售后服务以及品牌在客户权益保障上的公信力。因此，免费退货政策可在企业增长销售收入和增加市场份额的战略中发挥关键作用。对于企业而言，整个退货服务和流程当然是要耗费成本的，运输、包装和再加工等环节需要为之付出等同于甚至高于正向供应链的成本。

关于逆向供应链所涉及的成本构成，大致包含以下内容：

（1）从客户处收取退货成本；

（2）从产品发货到重新进货的库存持有成本；

（3）接收处理成本；

（4）执行质量检查成本；

（5）处理客户退款成本；

（6）重新制造和包装成本；

（7）重新进（存）货成本；

（8）向客户发货成本。

所有这些成本都必须计入企业未退货产品的费用比例中；换句话说，这些成本都是间接费用。企业处理退货的流程和成本管理需要纳入企业的整体战略考量和布局之中，这也是为什么同一家企业会在不同国家和地区存在不同退货处理政策和成本管理的情况。

从根本上而言，这会与所在销售国的贸易与商业政策以及消费者权益保护相关法律的健全程度相挂钩。由于企业通过减少管理费用可以节省的每一元都可被视作纯利润，所以确保企业存在一个高效的流程来管理逆向供应链（包括退货处理）必须是一项高度优先的工作。

因此，许多企业坚持通过签发退货材料授权 (Return Material Authorization, RMA) 来允许客户退货——它是一种企业同意接受退货产品的协议。RMA 号码使企业在收到退货时更容易处理退货。

第五节 逆向供应链管理的挑战

一、复杂退货订单流程

逆向供应链需要横跨多个业务合作伙伴和起源地进行协调。一旦产品到达中央配送中心（Central Distribution Centre, CDC）或退货转发中心（Return Forward Centre, RFC），在接收和处理退货时会涉及许多流程，例如：

（1）验证产品；

（2）检查产品；

（3）测试产品；

（4）潜在的故障排除或发送产品到一个单独的设施进行维修；

（5）重新包装产品，使其可以运输，重新放入库存或返回供应商；

（6）确定废弃或回收原材料是否比翻新有缺陷的产品更经济。

由于退货管理和逆向物流涉及的变量太多，因此对制造商来说，管理信息流和跟踪订单一直是一个挑战。在这样的环境中，退货管理解决方案作为多企业供应链网络平台的一部分，可以很容易地集成许多流程和系统，以进行整体规划和执行端到端的控制。

二、退货材料授权

逆向供应链可以包括供应商和客户之间的多层网络，他们之间的距离越远，两者之间的信息传递就越困难。此外，退货材料授权 (Return Material Authorization, RMA) 可以通过电话、电子邮件或其他通信平台到达，退货管理系统必须能够接收来自各种潜在来源的请求。这个通信变量要求从多个源（头）获取和集中数据，这可以通过软件集成实现自动化，并通过每个事务（处理）点的端到端透明性进一步促进。

在最初要求退货时，负责批准退货的工作人员或现场工程师应首先设法确定退货的原因；然后，他们可以尝试排除故障。如果问题可以在现场解决，供应商可以立即为客户提供解决方案，说服他们不退货，从而减少损失。

另一方面，如果退货是授权的，信息可以通过退货和逆向物流渠道中的后续事件适当传递，则可以记录和考虑关于授权、服务水平期望和订单约束的详细信息。

三、改变客户的期望

逆向物流 B2B 和 D2C 垂直市场中的客户已经开始期望许多现在在 B2C 市场和电子零售中常见的相同服务，例如，库存可用性、配送选择和退款管理。尽管这些功能中的许多都是源自在线经销商，但制造商在客户服务方面也越来越被要求遵守同样的标准。

因此，企业有动力优化退货管理系统，以适应需求并保持在市场上的竞争力。通过满足或超过客户服务预期，包括处理退货和再制造订单，企业可以建立品牌忠诚度和客户满意度，这可以促进未来的销售。

四、客户知识差距

如果制造商提供的产品信息不明确（例如技术规格），他们可能不得不处理数量庞大的退货。产品选择是客户需要被制造商指导的另一个领域，以避免不必要的购买和退货。

帮助客户做出明智的购买决定的一种方法是提供详细的库存目录和标识指南。供应商也可以选择在网上发布相关信息内容，或者在发货时附带产品的快速退货指南，以帮助提高用户黏度，减少与用户相关的错误，从而降低退货率。

五、扩大经营以满足不断增长的需求

自新冠疫情暴发以来，许多上班族和学生族都愈发依赖家用电子设备或电器的使用，如电子健身环、电子游戏机、pad 类电子产品等。持续的使用加速了磨损，增加了对维修服务的需求。为了跟上不断增长的需求，制造商一直被激励着通过自动化更新流程来最小化停机时间和周转时间。

许多逆向供应链都有单独的逆向物流渠道，包括退回有缺陷或故障的产品，进行检查、再制造或报废。检查、诊断、维修、测试等通常外包给第三方仓库，这可能会带来额外的麻烦。

具有完整的端到端可见性和性能监视的供应链控制塔有助于减少因信息孤立而造成的分割。自动化可以进一步简化流程，通过应用智能业务规则来调整退货和逆向物流渠道之间的目标，以优化资源。

六、减少废物和碳排放

减少碳排放和能源浪费的重点是循环经济的“6R”原则：

（1）再恢复（Recover）；

（2）再利用（Reuse）；

（3）再制造（Remanufacture）；

（4）再回收（Recycle）；

（5）再设计（Redesign）；

（6）合理化（Rationalize）。

通过将这些策略整合到逆向供应链中，制造商可以延长产品的生命周期，从而减少对新材料的需求。政府的政策和环境法规也鼓励企业在这一领域进行改进。“绿色”供应链采购、低碳运输和零废物包装甚至可以定位为特定细分市场下的市场差异化表现。

第六节 另一种角度——管理闭环供应链

在过去的十多年里，企业、消费者和政府都越来越关心产品在使用寿命结束后会发生什么。对于供应链管理者来说，这种关注意味着从产品的整个生命周期来考虑：从开始到结束，从诞生到销毁。在理想情况下，供应链决策者们思考着如何将供应链以一种不伤害地球的方式，通过绿色环保的方式回收产品和废料。以这种方式自我循环的供应链称为闭环供应链。

在闭环供应链中，当产品达到使用寿命时，需要回收所有组件。闭环供应链的一个很好的例子是电动汽车中的电池。这些电池由昂贵的材料制成，但其设计方式使 90% 以上的组件可以回收利用。当这些电池中的一个达到使用寿命时，大部分经过再回收和再制造可以在新电池中重复使用，这减少了最终进入垃圾填埋场的材料数量。这些电池的闭环供应链还会产生另一个有趣的效果：它可以大幅降低下一代电池的原材料成本，这对消费者、制造商和地球都有利，这是一个三赢的局面。

与此密切相关的战略被称为再制造。在再制造中，零件、组件的设计是基于可以被重建和重复使用；换言之，这些零件、组件甚至产品的最终回收和再利用是在材质选择、回收渠道、材料分解和分子重构等多方面综合考虑的基础上形成的。再制造是汽车、飞机和重型设备零件制造的一种常见策略，再制造这些部件的成本通常比从头开始制造新部件要低得多，这为制造商节省了资金，同时也有利于消费者。供应链上的每个参与者都能从再制造中受益，因为它减少了用于制造产品的能源数量，也减少了被送往垃圾填埋场的材料数量。

案例分析

绿色废物处置物流

1. 背景

废物处理物流领域最重要的是移动（运输）、收集、储存和转运等核心物流功能，以及与这些功能相关的信息处理。然而，从物流的角度来看，大多数废物具有不允许直接转移标准供应概念的特性。首先，材料的低价值是决定性的，这对运输距离和进口半径施加了经济限制，因此，只有应用成本节约和可持续处置物流的概念似乎是有效的。在处置过程的“绿化”背景下，废物收集、废物运输、废物转运、废物贮存和循环再造等实体物流过程，以及相关的供应过程，都必须在绿色物流的范畴内加以考虑。其次在供应链中，废物处理与采购之间也存在与过程相关的相互作用，这对材料使用和下游处理过程具有决定性影响。

2. 企业简介

REHAU AG+Co 总部位于上弗兰科尼亚的 REHAU，是一家在全球范围内经营化学工业的家族企业。在废物处理物流方面，REHAU 与电子订单目录合作，在购买废物处理服务时，通过改进服务实现节约。

3. REHAU 的电子目录

电子订单目录通常用于简化和协调单个订单处理程序，授权员工可通过内部网访问它们，向外部废物处理服务提供者请求废物处理服务，所需的价格和“物品”由采购部门事先与相应的供应商协商。传统的流程（要求服务的单位创建请求，采购部门生成采购订单）不再必要，需要下单的单位只需选择所需的“商品”，将其转移到购物车中，然后发送订单。

4. 绿色物流背景下电子订单目录开发

在绿色物流的背景下，电子目录的使用带来了许多优势，这超出了单纯的组织节约效应。首先，在企业资源规划（ERP）系统中收集单个废物的数量和类型可以被视为重要的进步，因为现在有可能在绿色物流程序的帮助下，对内部废物流动（包括废物处理和存储）进行有信息的潜在分析。其次，也可以将电子目录连接到废物管理服务提供者的 ERP 系统，例如通过电子数据交换(EDI)或 Web-EDI 接口。个别废物处置命令将不再以传真/电子邮件的方式提交，而是以数据交换的方式直接传送。这使得废物管理服务提供商能够利用现有的实际数据和计划数据优化路线计划并巩固流量。然而，在这种情况下，首先有必要比较引入电子数据处理解决方案的成本与“绿色”节约潜力。

5. 经验总结

REHAU 在这一专题上的工作表明，结合各种组织和技术方法可以在减少二氧化碳排放方面取得有效成果，从而减少废物处理物流领域的能源和资源消耗，还可以带来积极的货币效应。最终，必须问的问题是，企业和政策制定者将在什么时候、在多大程度上在全国范围内实施上述措施，以及研究可以在这方面做出什么贡献？例如，以单个产品和企业的碳足迹的形式测量二氧化碳排放是评估供应链内不同过程的一个合适的信息来源。在未来，可以预见的是，特别是法律框架的条件将会改变，并在遵守“绿色”指南方面变得更加严格，因此，对于企业来说，是否有必要引入可持续过程将不再是一个问题。

案例思考：结合案例中内容，联系我国在废弃物处理和相关绿色法律上有哪些具体政策和规定，在这方面，哪些企业已经或正在发挥示范性作用？

案例实践

疫情下的资产安全管理

在新冠疫情期间，企业除了必须处理数量增加的退货物品外，还必须处理与这些物品相关的潜在健康风险。许多企业管理者头疼的一个主要问题是如何在新冠疫情下安全管理资产。

研究人员发现，新冠病毒可以在纸板上存活 24 小时，在塑料和不锈钢上可以存活 2~3 天。在接收货物时，消毒表面并让新包装放置 24 小时可能是有效的。除了对退回的产品进行消毒，员工还需要在退货过程的每个阶段得到保护。除此之外，员工还应该有充足的一次性口罩、手套和洗手液。

未来，即使疫情结束，消费者也将继续购买更多的网上商品。因此，零售商和制造商应该优先考虑逆向物流，以优化流程。

对此，一些可以采纳的措施包括如下内容：

（1）退货的运输方式。线上零售商需要决定他们是控制运输，还是依靠客户自己选择的运输公司把商品运回，如果他们在当地有商店，可以选择返回商店。实体零售商可能会决定依靠顾客把实体商品退回商店。

（2）如何处理退货。需要有人来接收和处理退货，并检查它是否有损坏，查看它是否符合企业的退货政策，以及它是否可以翻新和转售。

（3）重新融入供应链。可以重新使用的商品应该重新包装、翻新，重新放入库存系统，然后再出售。

（4）跟踪每一个细节。在企业流程的所有步骤上保留数据，以确定趋势并寻找改进的机会。企业可能发现某款产品的退货率异常高，会决定停止销售该产品；企业也可能发现某一群体客户的退货率高于正常水平，然后深入研究为什么会这样，以及如何防止这种情况发生。

（5）寻找合作伙伴。有很多公司专门从事逆向物流过程各个环节的工作，从可以提取包裹的航运公司到可以分类和处理退货的仓库。如果企业需要帮助，可以求助于专家，他们可以帮助你降低成本、简化流程。

尝试和你的团队成员一起进行如下实践活动：

针对上述案例中关于零售商和制造商逆向物流的讨论，试结合本章知识点，根据文中提到的流程优化措施，为某一国内零售企业制定符合其自身业务特点的逆向物流管理流程。

思考练习题

1. 名词解释

①逆向物流

②逆向供应链

③退货授权

④闭环供应链

2. 选择题

① 逆向供应链的构成包括（　　）

A. 产品获得　　B. 逆向物流

C. 检验和分类处理　　D. 再加工

②逆向供应链所涉及的成本包括（　　）

A. 向客户发货　　B. 从产品发货到重新进货的库存持有成本

C. 执行质量检查　　D. 重新包装

③以下不属于接收和处理退货流程的是（　　）

A. 检查产品

B. 潜在的故障排除现场或发送产品到一个单独的设施维修

C. 重新包装产品，重新放入库存或返回供应商 (RTV)

D. 退货授权

④以下属于循环经济的 6R 的是（　　）

A. 再回收　　B. 再制造

C. 再设计　　D. 再恢复

3. 论述题

①试对比说明电子产品制造商和家具制造商在逆向供应链中的工作流程和内容。

②试列举逆向供应链管理对于企业成本管理的影响。

③本章分析的闭环供应链在服务产业中是否可以借鉴和应用，原因是什么？

第十一章　先进制造

学习目标

△了解生产制造领域的三种自动化技术。

△熟悉自动化和机器人技术在制造业的应用。

△理解工业机器人在制造业供应链中的角色和作用。

△掌握 3D 打印对于制造业的意义。

基本概念

自动化；机器人技术；3D 打印

供应链管理的许多原则是建立在对制造和分销过程能力的假设之上的，企业将花费多少成本，这些都取决于所使用的技术。随着机器特别是智能设备和机器人技术日新月异的发展，新技术正在改变供应链的工作方式，在许多情况下，新技术为我们已经或正在做的工作提供了新方法，使我们能够更好、更快和更节省地做这些事情。在某种程度上，新技术正在颠覆整个行业，并可能使我们现在的传统工作方式成为过去式。这将要求供应链管理者在未来重新评估规划、采购、制造、交付和回流产品的最佳方式。

用于生产产品和管理流程的新技术通常被称为先进制造。现在这些新技术已经超越了制造，还包括设计和分销等，实际上，使用"先进供应链"这个术语会更好。

本章将讨论许多可能改变未来制造和分销方式的重要趋势和技术。这些先进的技术也将改变我们设计和管理供应链的方式。

第一节 避免过时

技术的进步可以迅速使整个供应链过时，这通常会以两种方式发生：产品过时或流程过时。

由于技术革新而被淘汰的例子很容易找到：打字机、胶片照相机和录像带。通过主要生产这些产品来盈利的企业大部分都倒闭或者转型。这些企业生产的产品的需求消失了，因为客户发现了其他更新型的产品在完全替代它们的同时，添加了更多更新的功能和效用，实际使用效果也好上许多。

制冰业就曾是一个传统制造流程被颠覆和淘汰的典型例子。你可能不曾想到，冰——普通的冷冻水是美国在 1850 年出口的第二大产品。那时，这个巨大的产业建立在收集、运输和储存冰的基础上。冰的供应链遍布全球，而当时来自美国的供应商几乎主导着整个行业。然而，在 19 世纪后期，随着制冷技术的发展，在世界上的任何地方按需生产冰成为可能。换句话说，制冷技术的发展改变了这一流程，使原有的制冰业供应链变得完全过时。

这个关于冰的贸易的故事是一个新技术如何破坏既定流程的典型例子。这个故事的关键点是，这个世界对冰这一产品的需求并没有减少，供应也没有消失。换句话说，人们并没有停止使用冰，而且制冷实际上使冰的供应变得更加广泛。然而，长距离的全球冰供应链涉及运输和材料处理，比起新发明的冰箱来说成本更昂贵也不可靠。因此，当这些全球供应链被更新的技术和流程所取代时，它们自然而然就消失了。

无论企业正在从事哪种行业，都有可能因新技术的不断开发和更迭而面临破坏现有产品或流程的情况。作为供应链管理者，其工作的很重要一部分就是要了解新兴技术，并尝试预测它们对企业业务的影响。企业通过尽早采用新技术，获得竞争优势；或者说，如果一项新技术将使企业的业务过时，可能就是时候需要积极制定计划，以确保继续在萎缩的市场中保持盈利。

第二节 自动化和机器人技术在制造业的应用

自动化技术最重要的应用领域之一是制造业。在供应链环境中，自动化一般指的是制造业的自动化，包括固定自动化、可编程自动化和柔性自动化。

一、固定自动化

固定自动化也被称为“硬自动化”，是指由设备配置固定加工操作流程的自动化生产设施。实际上，编程命令以凸轮、齿轮、布线和其他硬件的形式包含在机器中，这些硬件不容易从一种产品样式转换到另一种产品样式。这种自动化形式的特点是初始投资高、生产率高，因此，它适用于产品的大规模量产。常见的固定自动化的例子包括汽车工业中的加工转移线、自动装配机和某些化学品加工流程。

1. 自动化生产线

自动化生产线由一系列通过传输系统连接的工作站组成，可在工作站之间移动部件。作为固定自动化的一种形式，自动化生产线通常是为长时间的生产运行而设置的，可能生产数百万个产品单元，一般可以运行数年之久。每个工位的设计都是为了执行一项特定的加工操作，以便部件或产品在生产线上逐步成形。一个未经加工的部件从生产线的一端投入生产，逐次通过每一个工作站，并在另一端以一个完整的成品状态出现。在该生产线的正常运行中，每个工位都有一个部件在加工，这样就可以同时加工多个部件，并且在该生产线的每次循环中产出一个成品。生产线上的各种操作、部件转移和其他活动都必须进行适当的排序和协调，以使生产线足够有效地运行。现代自动化生产线由可编程逻辑控制器来控制，这是一种特殊的计算机，便于与工业设备连接，并能执行操作这些设备所需的计时和排序功能。

自动化生产线应用于许多行业，最典型的就是汽车行业，它们被用于（机械）加工和冲压等过程。机械加工是一种制造过程，在这个过程中，切割或成型工具用来去除多余的金属部分，所剩余的部分便是其设计所需的形状和大小。机械和电机部件通常就是用这种工艺制造出来的。当然，这个过程一般也不是一次即可成型的，在许多情况下，需要重复多次操作才能完全成型。如果零件是批量生产的，自动化生产线通常是最经济的生产方法。

冲压过程主要包括对金属板的切割和成形。相关的例子包括汽车车身面板、主要电器的外壳（如洗衣机和电炉）和金属家具（如书桌和文件柜）。一般而言，一个复杂的零件通常需要多个冲压过程来完成。数台压力机通过控制器按工序连接在一起，将部分完成的零件从一台压力机转移到下一台压力机，从而形成一条自动化的冲压线。

2. 自动化装配

装配操作传统上是通过手动执行的，无论是在单个装配工作站还是在多工位的装配线上。由于手工劳动的工作量大、人工成本高，近年来许多制造型企业开始对装配工作的自动化使用给予了更多的关注和投入。如果数量大、产品小、设计简单（例如机械铅笔、钢笔和打火机等），装配操作可以使用自动化生产线，对于不满足这些条件的产品，通常仍需要手工组装。

自动化装配机被开发用来最大限度地降低人工参与的比例和操作安全性、精准性、生产率的提高，其操作方式类似于加工传动线，不同之处在于在工作站上进行装配操作而不是加工操作。典型的装配机由数个工位组成，每个工位都配备有部件供应和将部件送到装配位置的机构。每个工位的工件头座执行组件的实际连接，典型的工件头座包括自动螺丝刀、铆钉机、焊接头和其他连接设备。在每个工作站上，一个个新的组件被添加到已部分完成的产品中，从而随着产品在生产线上的推进而逐步构建出成品。这种类型的装配机通常被认为是固定自动化的一种，因为它们通常是为大批量生产的特定产品配置的。

二、可编程自动化

可编程自动化是产品批量生产的一种自动化形式。这种形式的批量生产，一般意义上可以一次生产几十件到几千件不等。对于每一批新产品，必须对生产设备进行重新编程和更改，以适应新的产品类型和属性。这种重新编程和转换需要时间来完成，并且在每个新批次的生产运行之后会有一段非生产性时间。可编程自动化的生产率通常低于固定自动化，因为设备的设计是为了方便产品转换，而不是为了产品专业化。数控机床是可编程自动化的一个很好的例子，每一种产品样式的程序都被编码在计算机存储器中，机床由计算机程序控制。另一个例子就是工业机器人。

三、柔性自动化

柔性自动化可以视作是可编程自动化的延伸。它的缺点是为每批新产品重新编程和更换生产设备需要一定的时间，这样的生产时间损失是必须的，但也是昂贵的。在柔性自动化中，产品的种类被充分限制，因此设备的转换可以非常快速和自动地完成。柔性自动化中设备的重新编程是离线完成的；也就是说，编程是在计算机终端上完成的，而不使用生产设备本身。因此，不需要将相同的产品分组成批；相反，不同产品的组合可以一个接一个地按设定顺序生产出来。

第三节 数控

数控是可编程自动化的一种形式。在这种自动化中，机器由编码在打孔纸带或其他存储介质上的数字（和其他符号）控制。数控的最初应用是在机床工业中，用来控制刀具相对于被加工部件的位置。数控部件程序表示特定部件的加工指令集，程序中的编码数字指定了笛卡尔轴系统中的 x–y–z 坐标，定义了刀具相对于工件的各种位置。通过对程序中的这些位置进行排序，指导机床完成零件的加工。位置反馈控制系统用于大多数数控机床，以验证编码指令已正确执行。

现如今，数控机床的控制器是一台小型计算机，程序则是由计算机存储器而不是穿孔纸带驱动的。然而，程序进入计算机存储器的初始输入通常仍然使用穿孔纸带完成。由于这种形式的数控是由计算机实现的，所以它被称为计算机数控（Computer Numerical Control，CNC）。数控实现的另一种变化是通过电信线路将部件程序从中央计算机发送到工厂中的单个机床，从而完全消除了穿孔带的使用。这种形式的数字控制称为直接数字控制（Direct Numerical Control，DNC）。

自数控最初用于控制机床以来，已发展出许多延伸性的应用。其他使用数控的机器包括用于电子装配的元件插入机、准备工程图纸的绘图机、对部件进行精确检查的坐标测量机、火焰切割机和类似的设备。

第四节 制造业中的机器人

目前，机器人在制造业中的实际应用大致可分为三类：（1）材料处理；（2）加工操作；（3）装配和检验。

物料搬运应用包括物料输送和机器装卸。材料转移应用需要机器人将材料或工作部件从一个位置移动到另一个位置。其中许多任务相对简单，只需要机器人从一个传送带上取下零件，然后放到另一个传送带上。其他的转移操作则更为复杂，比如将零件放在托盘上的安排必须由机器人计算；机器装卸作业利用机器人在生产机器上装卸零件。这就要求机器人必须配备一个可以抓取零件的夹持器。通常，夹持器必须专门为特定的零件设计几何结构。

在机器人加工操作中，机器人操纵工具对部件进行加工。在汽车制造业中，这种应用的例子包括点焊、连续弧焊和喷漆。汽车车身点焊是工业机器人最常见的应用之一。机器人将点焊机对准汽车面板和车架，完成基本车身的装配。电弧焊是机器人沿着待焊焊缝移动焊条的连续过程。喷漆是指用喷漆枪在被涂物体的表面上进行操作。这一类的其他操作包括研磨、抛光和走线，其中旋转的主轴为机器人的工具。

在制造业中，机器人的第三个应用领域是装配和检验。机器人在装配过程中广泛应用的原因其实很简单，因为这些操作中手工劳动成本普遍很高。由于机器人是可编程的，装配工作中的一个策略是批量生产多种产品样式，在批次之间重新编程机器人。另一种策略是在同一个组装单元中生产不同产品类型的组合，要求单元中的每个机器人在产品风格到达时识别它，然后为该单元执行适当的任务。

关于机器人装配的产品设计同样重要，因为对工人适用的装配方法不一定适合机器人。例如，使用螺钉和螺母作为紧固方法，在手工装配中很容易完成，但同样的操作对于单臂机器人来说是极其困难的。在设计中，一般使用卡扣配合和其他一步式紧固程序将组件从同一方向添加到产品中，使自动化和机器人组装更容易完成工作。

在检验工作中，机器人将传感器放置在工作部件上，并确定该部件是否符合质量规范。

几乎所有的制造业机器人应用中，机器人广泛提供了替代人工劳动的作用和属性。这些作用主要体现在：

（1）操作是重复性的，每个周期都涉及相同的基本工作动作；

（2）替代原本可能对工人有伤害的操作，如喷漆、点焊、弧焊和某些机器装卸作业；

（3）作业所需要的工作部件或工具笨重、难以搬运；

（4）该操作允许机器人提供更持续的工作时长。

第五节 柔性制造系统与计算机流程控制

一、柔性制造系统

柔性制造系统 (Flexible Manufacturing System，FMS) 是柔性自动化的一种形式，其中，数台机床通过一个物料处理系统连接在一起，系统的各个方面都由一台中央计算机控制。

FMS与自动化生产线的区别在于它能够同时处理多种产品样式。在任何时候，系统中的每台机器都可能在处理不同的部件类型。FMS还可以应对产品组合和生产计划的变化，因为对系统上的不同产品的需求模式会随着时间的变化而变化。新的产品样式可以通过FMS引入生产，只要它们属于该系统设计可处理的产品范围内。因此，当对产品的需求属于低至中等，且需求可能发生变化时，这种系统是较为理想的。

当企业或供应商的工厂实施FMS，能够带来的主要好处包括：

（1）实时制造灵活性可以显著降低与停工期相关的制造成本。如果一台设备需要定期维护或紧急维修，企业仍然可以继续生产，企业可以通过重新安排装配过程来适应材料短缺。另外，现有的机器可以从它们的日常任务转向完成必要而紧急的突发或额外工作。

（2）FMS通常利用托盘在不同的工作站之间移动工件，而不是使用装配线。这意味着在一个生产区域出现的质量问题不会关闭整条生产线，因为在工作继续进行时，单个受影响的托盘可以移动到一边来解决问题。

（3）利用自动化的现代制造方法可以降低劳动力成本。机器可以在很短的时间内完成十几个甚至更多工人的工作；云托管的计算机集成制造可以在世界任何地方进行控制，允许管理层同时监督多个设施。

二、计算机流程控制

在计算机流程控制中，数字计算机用于指导制造流程的操作。虽然其他自动化系统通常是由计算机控制的，但计算机流程控制这个术语通常与连续或半连续的生产操作有关，涉及诸如化工、石油、食品和某些基本金属等。在这些操作中，产品通常以气体、液体或粉末的形式处理，以促进材料在生产周期的各个步骤中的流动。此外，这些产品通常是批量生产的。由于处理产品方便且可大量操作，这些行业已经实现了高水平的自动化。

在金属行业中，计算机过程控制的一个例子是将热金属锭轧制成最终形状，如线圈和带材。这种方法最早出现在钢铁行业，但类似的加工方法也用于铝和其他金属。在现代化钢铁工厂里，热轧是在计算机控制下进行的。轧制过程包括通过一组或多组大圆柱轧辊组成的轧机来形成一个大的、热的金属坯料，这些轧辊挤压金属并减小其横截面，需要几道工序才能逐渐将钢锭降低到所需的厚度。传感器和自动仪器在每一次通过轧辊后测量钢锭的尺寸和温度，控制计算机计算并调节下一道的轧辊设置。

在大型工厂中，在任何给定的时间里，轧机中都可能有几个不同规格的轧制产品订单，控制程序已经被开发用来安排热金属锭通过轧机的顺序和速度。调度和跟踪不同订单的生产控制任务需要快速、大量的数据收集和分析，在现代化工厂中，这一任务已与轧机操作的计算机控制有效地集成在一起，以实现高度自动化的生产系统。

在制造工业中，这种类型的计算机控制能够获得可观的经济优势。计算机层次结构能够整合来自许多独立控制循环的所有数据，因此允许更高的性能水平。计算机可以应用先进的控制算法来优化流程。此外，计算机能够比人更快地感知表明不安全或异常操作的流程条件。所有这些改进，都提高了生产效率及工艺操作的安全性。

第六节 计算机集成制造

自1970年以来，在制造企业中使用计算机来执行许多与设计和生产有关的功能的趋势日益明显。与这一趋势相关的技术被称为计算机辅助设计/计算机辅助制造（Computer Aided Design, CAD/Computer Aided Manufacturing, CAM）。今天，人们普遍认为计算机的应用范围必须超越设计和生产，应包括公司的业务功能。这种对计算机的更全面的使用被称为计算机集成制造（Computer Integrated Manufacturing, CIM）。

CAD/CAM是基于计算机系统处理、存储和显示代表零件和产品规格的大量数据的能力。对于机械产品，数据表示部件的图形模型；对于电子产品，它们代表电路信息。CAD/CAM技术已应用于许多行业，包括机械零件、电子产品和化工加工设备设计和制造。CAD/CAM不仅涉及制造操作的自动化，而且涉及整个设计和制造过程中各个环节的自动化。

CAD利用计算机系统来辅助设计的创建、修改、分析和优化。设计师使用CAD系统，创建构成对象（产品、零件、结构等）的线和面，并将该模型存储在计算机数据库中。通过调用适当的CAD软件，设计人员可以对对象进行各种分析，如传热计算。在这些分析的基础上进行调整，最终的目标设计被开发出来。一旦设计程序完成，CAD系统可以生成制作对象所需的详细图纸。

CAM涉及使用计算机系统来协助计划、控制和管理生产操作。这是通过计算机与生产操作之间的直接或间接连接来完成的。在直接连接的情况下，计算机被用来监视或控制工厂的生产流程。计算机流程监控包括从工厂收集数据，对数据进行分析，并将流程性能结果传达给工厂管理层。这些措施提高了工厂的运作效率。如上文所述，计算机流程控制需要使用计算机系统执行控制动作以自动操作工厂，计算机系统和工艺之间的间接连接涉及计算机支持生产操作而不实际监视或控制它们的应用程序。这些应用包括计划和管理功能，可以由计算机（或与计算机一起工作的人）执行，比单独的人工操作更有效。这些功能的例子包括：为产品规划分步过程，用数控进行零件编程以及安排工厂的生产操作。

CIM包括CAD/CAM的所有工程功能和企业的业务功能，这些业务功能包括订单录入、成本核算、员工时间记录和工资，以及客户账单。在一个理想的CIM系统中，计算机技术应用于企业的所有操作和信息处理功能，从客户订单到设计和生产（CAD/CAM）到产品发货和客户服务。计算机系统的范围包括所有与制造有关的活动，在许多方面，CIM 代表了制造业自动化的最高水平。

第七节 日常生活中的自动化

自动化技术除了在制造业的应用外，在通信、交通、服务业和消费品等领域也取得了重大成就。

一、通信

自动化最早的实际应用之一是电话交换机。最早的交换机发明于 19 世纪末，是一种简单的机械开关，通过电话使用者按下按钮或转动拨号盘进行远程控制。现代电子电话交换系统是基于高度复杂的数字计算机，这些计算机执行的功能包括监控数千条电话线，确定需要服务的线路，在拨打每个电话号码时通过存储每个电话号码的数字，设置所需的连接，发送电子信号来拨打接收者的电话，在通话过程中监控电话，以及在通话结束时断开电话。这些系统还用于计时和计费，并传输计费信息和其他与电话公司的业务运营相关的数据。除了上面提到的各种功能外，最新的电子系统还能自动将呼叫转到备用号码，在空闲时回拨用户，并根据拨出的号码执行其他客户服务。这些系统还对其自身的操作进行功能测试，在出现问题时诊断问题，并打印出详细的维修说明。

自动化在通信系统中的其他应用还包括局域网和通信卫星。局域网 (LAN) 通常不仅能在系统中的终端之间传输语音数据，而且还能传输数字数据。通信卫星也已成为远距离通信电话或视频信号的必要条件。如果没有将卫星放置并保持在预定轨道上的自动制导系统，这种通信是不可能实现的。

二、运输

自动化在交通运输行业的应用包括航班预订系统、飞机和机车的自动驾驶仪以及城市公共交通系统。航空公司使用计算机化的预订系统来持续监控所有航班的状态。有了这些系统，遍布各地的票务代理可以在几秒钟内获得任何航班的可用座位信息。预订系统将空间请求与每个航班的状态进行比较，在可用时授予空间，并自动更新预订状态文件，乘客甚至可以在航班起飞前很早就收到座位分配信息。

此外，几乎所有的商用飞机都配备了自动驾驶仪。在正常飞行条件下，这些系统通过陀螺仪和类似仪器检测飞机方向和航向的变化，并向飞机的转向装置提供适当的控制信号，从而引导飞机沿着预定路线飞行。

三、银行与金融机构

银行和金融机构主要是通过计算机技术来方便地处理大量文件和金融交易。例如，支票的分类是由光学字符识别系统利用支票底部的特殊字母数字字符完成的；银行结余则是通过几乎所有金融机构都安装的计算机系统计算和记录的。各大银行都建立了包括自动柜员机在内的电子银行系统。这些自动柜员机位于客户方便的地方，用户可以在不需要银行人员协助的情况下完成基本交易。

另外，信用卡交易和数字货币支付同样已经在高度自动化下得以实现。比如，餐馆、零售商和其他机构使用的系统可以在顾客等待交易完成的几秒钟内自动检查信用卡的有效性和持卡人的信用状况，随后可立即将等同于销售金额的资金从持卡人的账户转移到商家的账户。

第八节 3D 打印

3D 打印技术早在 20 世纪 80 年代就已经出现，近年来在机械、材料和软件方面的发展进步已经使 3D 打印进入了更广泛的行业。

如今，专业的、低成本的桌面和台式 3D 打印机正在加速创新和支持着各个行业的业务发展和进步，所涉及的领域主要包括工程、制造、牙科、医疗保健、教育、娱乐和珠宝等。

一、什么是 3D 打印

3D 打印是一种制造流程，在这个过程中，材料被一层一层地铺开，形成一个三维物体。这被认为是一个“增材制造”流程，因为部件 / 产品是从零开始建造的，而不是“减材制造”。在减法过程中，材料是通过切割、钻孔、磨铣等加工出来的。虽然 3D 打印机使用了多种材料（如塑料或金属）和技术，但却有能力将包含三维数据的数字文件转化为物理对象——无论是通过 CAD 或 CAM 程序创建的，还是从 3D 扫描仪创建的。

二、3D 打印如何工作

就像传统打印机一样，3D 打印机使用了多种技术。最常见的是熔融沉积建模（Fused Deposition Modeling，FDM），也被称为熔融灯丝制作（Fused Filament Fabrication，FFF），由丙烯腈丁二烯苯乙烯（Acrylonitrile Butadiene Styrene，ABS）、聚乳酸（Polylactic Acid，PLA）或其他热塑性塑料组成的纤维被熔化并通过加热挤出喷嘴的分层沉积。第一批进入市场的 3D 打印机是在 20 世纪 90 年代中期由 Stratasys 在 IBM 的帮助下生产的，使用 FDM（Stratasys 注册的术语），大多数面向消费市场和学校的 3D 打印机也是如此。

3D 打印中使用的另一项技术是立体光刻。在该系统中，一束紫外线激光被照射到一桶紫外线敏感的光敏聚合物上，在其表面追踪要创建的物体。聚合物在激光束接触到的地方凝固，激光束根据它所使用的 CAD 或 CAM 文件中的指令一层一层地“打印”出物体。

作为传统 3D 打印机的一种变体——数字光投影仪（Digital Light Projector, DLP）3D 打印，通过将液体聚合物暴露在来自数字光处理投影仪的光下，使聚合物一层一层地变硬，直到物体被制造出来；剩下的液体聚合物被排出。

多射流建模是一种类似于喷墨的 3D 打印系统，它将彩色的、像胶水一样的黏合剂喷到连续的粉末层上，在那里物体被形成。这是最快速的方法之一，也是少数支持多色打印的方法之一。

根据技术的不同，3D 打印机可以使用多种材料，包括但不限于金属（不锈钢、焊锡、铝、钛等）、塑料和聚合物（包括将塑料与金属、木材和其他材料结合的复合材料）、陶瓷、石膏、玻璃，甚至像奶酪、糖霜和巧克力这样的食品。

三、3D 打印对于制造业的意义

有了 3D 打印，产品工程师就有能力将概念快速转化为 3D 模型或原型，并实现快速设计更改。它允许制造商按需生产产品，而不是大批量生产，改善了库存管理，减少了仓库空间。此外，偏远地区的人们也可以制造出原本无法接触到的物体。

从成本角度来看，3D 打印相对于“减材制造”流程可以节省材料，因为原材料很少会被浪费，资金和材料可以很大程度地得到节省。它还提供了给予客户的定制化需求和制造的可能，客户可以通过 3D 技术将其产品理念和想法传递给制造商，并逐层传递到上游供应商，给予供应链更大的柔性和质量 / 性能的一致性可能。

3D 打印对制造业供应链的潜在好处包括：

（1）制造商可以打印出其他工艺难以制作的形状。

（2）较少的浪费和能源消耗。

（3）库存和运输成本更低，因为产品可以在需要的时间和地点打印。

此外，3D 打印也有它的一些局限性：

（1）用于制造产品的材料范围相对有限。

（2）低生产率。

（3）精度和表面抛光程度低于机械加工零件。

如前所述，所有的 3D 打印过程都是所谓的增材制造，这些流程是按顺序建造物体，而不是在一个步骤中铸造或成型（固结过程），或在一个实体块上切割和加工（减法过程）。3D 打印的主要市场是所谓的快速原型，也就是说，快速生产的零件最终将在传统制造过程中批量生产。

总体而言，基于对于产能和成本的考量，企业在制作原型或少量部件 / 产品时，3D 打印单个原型的成本通常比使用传统制造技术批量生产零件所需的模具和工具的成本要低得多。对于那些需求不可预测的产品、快速需要产品的客户以及距离工厂或配送中心很远的客户来说，3D 打印是一个更好的选择。

虽然标准的 3D 打印技术在近年的长足发展，现在已经可以在包括金属、陶瓷和聚合物在内的材料上进行打印，但产生的结构通常限于单一的材料，或者充其量限于有限数量的兼容材料。

可以肯定的是，随着技术的进步，3D 打印的材料选择、成本和技术上的相对局限性和障碍终将会消失。随着企业的业务、产品和客户的变化，3D 打印的全产业链的高度应用和普及只是一个时间问题。

四、3D 打印在人道主义供应链中的应用

人道主义供应链可以从 3D 打印中获得巨大收益。举例来说，2020 年 4 月某国际人道主义组织将安装一口水井所需的所有部件运送到非洲某国的严重缺水地区，但当工人们开始组装管道时，他们意识到他们缺少了一个当地没有的部件，整个项目将停滞不前。该人道主义组织选择将文件发送到提前运送和安装就绪的 3D 打印机上，比起通过运输公司再次将零件（其中会包括烦琐且漫长的物流和海关问题的处理）长途跋涉地运送到当地，3D 打印设备通过 3D 打印技术在相对更短的时间内完成所缺零件的打印，帮助当地居民尽早地使用到水资源。

案例分析

Alpine F1 车队使用“增材制造”流程制造钛蓄电池

一级方程式赛车（Formula 1, F1）被称为汽车工程的巅峰之作。在这个竞争残酷的技术领域，一家车队如何保持领先？随着 3D 打印——“增材制造”流程的出现，Alpine F1

车队正凭借他们的 DMP 金属打印系统做到这一点。

DMP 全称 Direct Metal Printing 即直接金属打印，是激光粉末床熔合的一种形式，使用激光将金属颗粒一层一层地熔合在一起，从选择的可用合金中生产出成品金属部件。它们以其高重复性部件和一流的真空室而闻名，可实现高纯度、低污染的打印。

尤其值得一提的是，Alpine 公司一直在与 3D System 公司合作，为他们的 F1 赛车生产钛液压蓄电池——悬挂系统的一部分。

3D System 已经在创新领域拓展超过 30 多年。3D Systems 由 3D 打印的发明者查尔斯·霍尔等人共同创立，已发展成为一家全球 3D 解决方案公司，专注于将客户与解决业务、设计或工程问题所需的专业知识和数字制造工作流联系起来。

对于蓄电池，特别是一个后升沉液惯性线圈，Alpine F1 车队设计了一个硬线阻尼器，它是变速箱主箱内后悬挂系统中后升沉阻尼器的一部分。

蓄电池是一种长而硬的管材，它储存和释放能量以平均压力波动。因此，线阻尼器的性能与它的内部体积和组件的长度相关。

得益于 3D 打印，Alpine F1 车队能够最大限度地缩短阻尼线圈的长度，同时在有限的体积内包装完整的功能。

Alpine F1 车队高级数字制造经理帕特·沃纳表示："除了部件本身的必要精度外，我们对逆变器线圈有非常严格的流体清洁度要求，这只能通过与 3D 系统合作实现。他们的专有清洗工艺在高性能应用中具有良好的记录，即使是在具有挑战性的内部通道中，也可以提供无颗粒的组件。"

由于蓄电池是一个流体系统，它要求流体没有污染物，以便发挥最佳作用。当然，金属增材制造并不是最清洁的工艺，因为它是以粉末为基础的，清除打印零件的碎片对零件的工作至关重要。

为了在这些复杂的金属打印上实现彻底的材料清除，3D Systems 的 AIG 贡献了其丰富的工艺知识，应用了一种专有的清洁协议。该协议已成功应用于数万个部件，并确保无颗粒钛组件。

不仅仅是物理上的颗粒物会引起问题，3D 打印室的环境也必须是纯净的，以避免粉末氧化。为此，车队使用了 3D Systems 的 DMP Flex 350 打印技术。

DMP Flex 350 是专为研发项目、应用开发或串行生产而设计的，可以实现批量零件生产。快速交换构建模块和快速粉末回收系统则加快了生产。此外，中央服务器负责管理打印作业、材料，设置和维护，实现 24/7 的生产效率。

使用 DMP Flex 350 的客户可以预期在低于百万分之二十五的氧气环境中实现打印，其在氧气水平方面是同类打印机中最好的。这保证了一致性质量所需的强大和可重复性，这正是价值数百万甚至千万美元造价的近乎完美的 F1 赛车所需要的。

案例思考：根据上述案例中提到3D打印对于F1赛车的提升和帮助，你认为3D打印技术是否会是仅存于高新技术领域的一种相对局限的制造工艺或流程？你认为它的未来发展着眼点可以放大到哪些领域和产业，并为之带来巨大的规模经济效应，为什么？

案例实践

中国的3D打印行业

据估计，到2030年，全球增材制造市场规模将增长到254亿美元。虽然美国和德国目前仍处于技术领先地位，但亚太地区（尤其是中国和日本）正在迅速追赶，并将成为主要增长动力之一。特别是中国的增材制造行业近年来大幅扩张，2018年的规模超过140亿人民币；预计到2023年末，该市场将达到800亿人民币左右。在这些数字中，3D打印机（约占总体积的50%）、材料（约25%）以及相关的服务和软件产品都被考虑在内。

中国3D打印机市场尚处于起步阶段，本土厂商联科是市场领导者（市场份额16%）。但外国公司Stratasys、EOS、通用电气和3D Systems也纷纷抢占中国市场。有趣的是，几乎一半售出的打印机是工业用的，起价约80万人民币；最常见的印刷系统是树脂固化和材料挤压；关键的市场驱动因素之一是我国政府对智能制造和现代化工业基地的坚定推动。在经济崛起主要依靠低成本国内生产之后，我国的传统制造商现在面临着劳动力成本上升和更严格的环境标准，越来越多的跨国公司决定将他们的生产基地转移到东南亚。因此，为了保持长期竞争力，中国正在大举投资机器人、人工智能和新型制造技术。在越来越多地依赖国内技术的同时，也鼓励外国公司在中国设立分支机构和研发中心，以进一步促进本土创新。

这一战略是由自下而上的私人投资推动和自上而下的政治指导共同支持的。例如，作为“中国制造2025”计划的一部分，中央政府制定了战略布局深远的目标，并制定了支持国内增材制造行业的行动计划。

目前，中国增材制造产业非常集中，主要有四大区域中心：大上海地区、渤海经济区、西安和广东。这些中心往往都有各自的应用重点，例如西安在航空航天方面非常强大，上海在汽车方面非常强大，而广东传统上专注于电子应用。最初，大多数公司都专注于服务价值链的一个部分，但现在越来越多地为客户提供完整的解决方案包，包括3D扫描仪、打印机、材料和服务。因此，一些本土企业已经开发出强大的产品组合，并在国际层面上具有竞争力。这些公司不再仅仅是“本土冠军”，它们越来越多地转向海外，在欧洲和美国开展业务或研究。

此外，3D打印技术也越来越多地出现在城市环境中：以2017年为例，这一年上海开设了中国第一家纯粹致力于3D打印技术和文化的博物馆。同年年底，在上海金山区枫泾镇开通了当时世界上第一个 3D 打印汽车站。知名咖啡品牌——星巴克也在这一年的年末，在其位于上海南京西路的咖啡店中对外展示了一座完全用 3D 打印的由可回收材料建造的茶吧。虽然这些例子主要是展示案例，没有关注高科技工业应用，但它们仍然描绘了对这种新技术的兴奋和整体支持。

在工业用例方面，中国企业家已经开始将增材制造应用于各个行业，并且已经与国际原始设备制造商合作，为汽车、飞机或制造业应用开发有效的解决方案。例如，西安光明激光科技有限公司多年来一直与空中客车公司合作，在亚洲供应金属 3D 打印航空部件，甚至成为开发新技术的联合研发伙伴；Flex 中国子公司采用金属 3D 打印结构组件，宽度仅为 1.5 mm，可将电路板的冷却能力提高 20% 以上。

为了了解最新的趋势，了解全球生态系统的概况，一个方便的方法是参观 TCT 亚洲设计到制造创新展览，这是在上海举行的中国增材制造行业最大的年度活动之一。2019 年 2 月举行的第五届展会吸引了 16 000 名观众和 235 家参展商。与会公司的数量和种类令人印象深刻：从通用电气、西门子、DMG Mori 或科莱恩等国际巨头，到本土的中国公司。几家关键公司展示了新技术或服务：Farsoon 展示了用于烧结尼龙材料的新型超高速飞行技术，荷兰公司 Ultimaker 展示了新的云和服务平台，波兰 SMARTTECH3D 推出了升级版 3D 扫描仪，Stratasys 推出了体素级 3D 打印解决方案。此外，参观者还可以通过 3D 打印的喷气涡轮、像小型货车一样大的 AM 工业打印机，以及为空间站或人体设计的高度复杂和轻的部件，来了解已经实现的可能性。

总体而言，可以观察到四个进一步塑造该行业高水平发展的趋势：

（1）金属打印份额的强劲增长，这是大多数工业应用的基础。

（2）从研发和原型用例转向有效的现实应用。

（3）加大对具有独特特性并专门用于 3D 打印的先进新材料的推动。

（4）更加强调增材制造技术在现有生产和价值链中的实施，而不是单独的独立服务。

尝试和你的团队成员一起进行如下实践活动：

针对上述案例中关于增材制造行业的介绍，试结合本章知识点，逐一对以下问题作出基于市场调查的分析和讨论：

（1）3D 打印市场的发展是否会在 2023 年达到预期市值和产业规模和效果？

（2）该行业的发展更多是基于炒作还是先进制造业本身发展的必然趋势？

（3）中国本土公司能否在与外国公司相同的技术水平上展开竞争？

（4）3D 打印零部件何时才能达到必要的质量和商业特征，从而完全取代传统制造？

最后，将以上问题的分析融合成一份商业研究报告。

思考练习题

1. 名词解释

①固定自动化

②可编程自动化

③柔性自动化

④数控

2. 选择题

①符合“初始投资高，生产率高”特征的先进制造方式是以下哪一项（　　）

A. 固定自动化　　B. 可编程自动化

C. 柔性自动化　　D. 自动化生产线

②数控的实现需要以下哪些元素的共同构成？（　　）

A. 编码　　B. 存储介质

C. 坐标　　D. 计算机

③自动化装配可以实现以下哪些优势（　　）

A. 工人参与比例降低　　B. 安全性提高

C. 精准性提高　　D. 生产率提升

④工业机器人的作用包括（　　）

A. 操作是重复的，每个周期都涉及相同的基本工作动作；

B. 替代可能对工人有伤害的操作

C. 作业对象笨重、难以搬运

D. 工作时长的提升

3. 论述题

①试对比分析柔性制造系统参与前后，制造型企业在哪些方面存在明显的不同和变化。

②试举例说明计算机集成制造对于重工业和轻工业的不同影响。

③分析 3D 打印对于现代服务行业可能带来的变化和影响，试举例说明。

第十二章 数字供应链

学习目标

△了解数字供应链的构成。

△熟悉数字化转型的技术和应用。

△理解数字化供应链的好处。

△掌握数字供应链孪生。

基本概念

数字供应链；数字化转型；数字供应链孪生

在现如今我们所生活的这个日益数字化的世界里，很少有哪些企业的业务流程不受数字化转型的影响。随着信息时代的来临，使得商业或更严格意义上的全球供应链的中断变得越来越普遍和频繁，许多企业正在期待通过将业务流程向数字时代过渡和转型来帮助抵御来自各种内部和外部的风险或不确定性因素的影响。

供应链作为连接企业和它所依赖的供应商、制造商、分销商，以及它们所提供、生产、分销的特定产品或服务的网络，正在从各个方面着手应对诸如供应链风险、优化、可见性和弹性等多重角度的考量和反思。

疫情发生后，世界各地的人们开始意识到全球供应链对我们的日常生活是多么重要，病毒的大流行突显了传统供应链在这类中断面前是多么脆弱。根据不完全统计数据显示，那些已经投资加强供应链的组织在大流行来袭时表现更好。最值得注意的是，这些企业在投资供应链风险管理、支持数字供应链的技术和与之相关流程方面贡献巨大。

那么，什么是数字供应链呢？在本章中，我们将探讨数字化供应链管理，以及随之而来的影响和风险。然后，我们将为您提供创建安全且成功的数字供应链的步骤。

第一节 什么是数字供应链

为了更好地理解数字供应链，首先要从审视传统供应链的作用开始。在传统的供应链中，商品是线性传播的，供应链中的每一个环节都依赖于前一个环节完成的功能是否成功。

虽然这个线性模型看起来很简单，但它的成功最终取决于该过程中每一步的执行情况。大多数情况下，当在供应链的某个阶段确实发生错误时，发现错误可能需要几天或几周的时间。在这种模式中，一个错误就可能导致延误交期和客户不满。

数字供应链则是一套使用先进数字技术的流程，这样企业就可以对所需的供应、对产品的需求以及两者之间的所有关系做出更好的决策。

具体来说，传统供应链随着货物从供应商流向客户，包括许多重要的活动：

（1）供应商为企业提供原材料；

（2）制造商生产和运输成品到分销商；

（3）分销商将产品运送到不同的零售商；

（4）零售商将产品销售并运送给顾客。

数字供应链的核心活动和货物流动与传统供应链是相同的，但不同的是方法。

传统的供应链采用线性和反应式的方法，其中供应链的功能依赖于特定的预定义工作流。与同步消费市场的实时情况和变化不同，来自系统中的历史交易数据和订单管理方法支持着供应链按部就班地运行。传统供应链中的可见性受到供应链中不同系统之间缺乏集成的限制。

数字化供应链使用网络方法在整个供应链中应用数字技术，从而形成一个更加集成、动态和可预测的供应链。这些技术有助于更早地发现问题，并基于实时条件主动响应中断，而不是基于预定义的工作流。

第二节 现代供应链中的数字化转型

以下将介绍的几种颠覆性协同工作技术，在以实现数字供应链所承诺的敏捷性、可见性和速度优势方面发挥了巨大的作用。

一、物联网

物联网（Internet of Things, IoT）是一个由相互连接的计算机、设备、数字机器和对象组成的系统，所有这些都标有唯一标识符，并能够通过网络传输和共享数据。物联网设备包括连接到互联网的传感器、设备和执行器。

物联网设备监控供应链的机械、设备、车辆和它们运行的环境，在数字供应链网络中共享数据，从而导致以下结果：

（1）供应链中的利益相关者，从仓库经理到零售商，对货物流动有了更多的可见性。

（2）预测分析和维护成为可能，这大大减少了机器和其他设备的停机时间。

二、人工智能

预测和授权决策的能力不仅仅来自数据，人工智能（Artificial Intelligence, AI）的进步有助于将实时数据转化为智能商业决策。机器通过学习算法驱动这些决策，而不需要特定的人工输入。这些算法有助于在以下一些领域做出预测和决策：

（1）需求预测；

（2）安排维修；

（3）检测产品异常；

（4）优化成本；

（5）库存管理。

AI技术不是目的，它只是实现效率和效益、改进创新能力和更好机会的一种手段。而且，我们已经在一些已经开始将AI应用到企业运营中的一些行业中看到了这一点。

根据普华永道的一项调查，多达24%的企业目前正在实施或计划使用AI，最突出的是医疗、金融服务和汽车行业。

以汽车行业为例，借助于开发AI应用程序，从汽车设计到营销和销售决策的许多方面都可以得到支持。例如，AI已经造就了更智能（比如无人驾驶）汽车的设计，这些汽车配备了多个传感器，可以学习和识别驾驶模式，适时通过附加的安全驾驶功能，警告司机可能的碰撞和车道偏离。

同时，AI 还被用于开发汽车生态系统的模型。在这里，AI 机器通过映射汽车行业参与者（如汽车制造商、客户和分销商等）和交通服务提供商辅助做出决策。这有助于企业预测电动汽车和无人驾驶汽车的普及情况，以及适用于目标市场的非限制性定价方案的实施情况。

三、大数据分析

大数据分析（Big Data Analysis）使用先进的技术和分布式计算，从具有多个数据源的大型、快速移动和多样化的数据集中进行分析和理解。在复杂的现代供应链中，大数据分析能够提供独特的见解，帮助提高所有供应链活动的绩效。

大数据分析扩展了可能的分析范围，超越了内部系统（如 ERP 或供应链管理）捕获的数据。例如，公司可以获取来自客户的社交媒体反馈，并根据这些信息的分析调整其供应链操作。

四、区块链

虽然物联网设备、人工智能和高级分析可以提供对供应链流程的可见性，但金融信息流太难以捉摸，无法用这些技术进行跟踪。在 ERP 系统中，要发现库存数据中的任何错误，例如丢失所发货物或重复付款的来源是极其困难的。区块链（Block Chains）是去中心化和分布式的分类账簿，可用来记录交易，并具有数字供应链所需的可见性。

使用区块链为诸如存货单位、订单和贷款等金融资产提供唯一标识符，供应链中的每一方都对其在区块链上输入的交易进行数字签名，以确保这些交易的有效性。通过将业务流集成到单个系统中，可以消除盲点。

第三节 供应链数字化的好处

一、客户满意度

增强供应链所有方面的可见性可以提高客户满意度，因为企业可以将这种可见性传递给客户。客户喜欢这种颗粒化的服务级别，无论是根据他们的个人生活定制最后一公里的交付时间，还是简单地跟踪他们的产品在整个交付过程中的实时位置。

随着对个性化产品需求的增加，微观细分和大规模定制的趋势越来越强烈。数字供应链允许企业以更细小颗粒化的管理集群客户的同时，也允许客户选择完全符合他们需求的产品。例如，通过无人机配送以及其他在供应链阶段挖掘个性化客户体验的潜力。

世界上最早开始实现无人机商业化配送的国家是冰岛，早在 2017 年冰岛就开始了无人机商业化配送服务。供应链领域的巨头企业之一——联邦快递（FedEx）在 2019 年成为美国历史上首个单独提供无人机快递业务的物流公司，而美国药物销售商 Walgreens 也成为第一家实现商店到客户点对点无人机服务的零售商。

二、透明性

由不同系统和技术组成的集成网络使透明性成为可能，使供应链中的多个利益相关者均受益。协作和沟通是这种网络化方式的核心原则。这种透明性带来了一系列可能性，包括过去无法发现的效率低下问题、不同利益相关者之间的关系改善、生产 / 服务瓶颈的消除等。

三、灵活性

数字化供应链的灵活性在于它促进了一个完全由需求驱动的供应链。企业可以使用实时的销售和需求数据来为他们的战略决策提供信息，专注于产品的销售，并通过减少或取消需求低的产品的生产来降低成本。

实时供应链计划意味着企业可以对不断变化的需求或供应情况做出更灵活的反应。通过最小化计划周期的时间，数字化供应链使计划流产变得更连续，对不断变化的需求或约束反应更迅速和灵活。

四、效率

供应链的数字化可以使供应链效率大大提高。例如，通过确保最优库存水平和可用空间最大化利用，通过提高库存水平的可见性，以此提高仓储管理的效率；通过确保生产能力和原材料的可用性满足预期需求，以及对供应链的更好控制，还可以形成缩短的交货周期。

五、敏捷性

人工智能等技术的一个重要好处是它所提供的自动化水平。算法在不需要人工输入的前提下，优化了效率低下的问题，并根据实时信息做出决策。在要求敏捷性的商业竞争环境中，这种级别的自动化对于提供竞争优势至关重要。

举例来说，数字化供应链赋予产品分销的新方法，可以将许多产品的交付时间缩短到几个小时之内。通过使用先进的预测分析，数字供应链提供更精确的客户需求预测。与常见的月度性预测不同，数字供应链对快速流动的产品进行每周、有时甚至每天的预测。

亚马逊的“预测性运输”模式几乎是敏捷性优势的楷模，它甚至会在客户下单之前发货。在下订单之后，它将与已经在运输中的货物进行匹配，然后将其重新路由到确切的客户目的地。

第四节 数字供应链环境下的网络安全风险与应对

近年来，全球供应链面临着前所未有的风险。从英国退欧、苏伊士运河堵塞到新冠疫情危机，再到最近的乌克兰战争，一系列问题都对供应链造成难以想象的影响和冲击。

然而，供应链风险并不局限于实体领域。由于数字化程度的提高和对第三方数字产品的依赖，许多企业的规模和收益实现了指数级增长，但同时也暴露在日益严重的网络威胁之下。

供应链攻击是指一家公司的数据通过对第三方供应商的黑客攻击而受损，而第三方供应商可以合法访问其客户的系统。黑客可以从源头向可信的硬件或软件中插入恶意代码，从而在后续链条中危及其客户及其客户的数据。

供应链攻击中最具破坏性的例子之一是2020年的SolarWinds事件，微软总裁布拉德·史密斯称其为“有史以来规模最大、最复杂的攻击”。

2019年底，黑客使用恶意代码访问了SolarWinds的许多客户的敏感数据，包括科技巨头微软和思科，以及美国国土安全部。2020年3月，SolarWinds在不知情的情况下开始向客户发送软件更新，其中包括被黑客入侵的代码，这使得黑客也能够访问他们的IT系统和数据。

在之后连续的几个月之中，一些受害者根本不知道自己是否被入侵了。攻击的全面程度难以想象，许多企业因此需要花上数年时间和无数的资金投入来恢复和保护所有受影响的系统。

一、最典型风险原因——第三方依赖

随着越来越多的企业加快数字化战略，以便在疫情期间能够保持继续运营和支持员工远程办公，它们已变得更加依赖第三方软件和技术。这在不经意之间也同时成为企业被网络攻击的脆弱环节和切入点。

供应链攻击常常是由于对关键接入点的管理不善而开始的。

黑客通过第三方供应商的关键通信渠道和软件攻击受害者企业，获取其客户信息。这其中最为常见的恶意行为是直接向开源项目注入新的漏洞。

为了对抗来自供应链攻击的威胁，企业应该充分了解所有第三方关系和依赖关系。这意味着要尽可能减少他们使用的第三方供应商的数量，这样他们必须监控的实体就会更少。

二、风险应对办法——审查流程

当企业与新供应商合作时，需要确保可以查看该公司的产品控制（机制）。独立的代码审查和应用程序漏洞报告也非常有帮助，因为它们从可穿透性的角度对代码和实体产品进行评估。

在评估第三方供应商时，企业必须确保所有供应商都经过彻底的审查，并确保他们的安全实践符合所需的标准。同时，他们还需要制定一份带有适当条款的合同，以确保他们遵守必要的监管和立法的隐私和安全要求。

企业还需要分析新出现的第三方风险，以及监控其系统和网络上的可疑活动。它们还应该只将网络和系统访问权授予那些需要它履行职责的第三方供应商和应用程序，并识别和监视所有接入点。

所有的修复程序应该在持续改进的基础上进行，根据重要程度对其进行更新排序和规划。此外，企业应定期备份其系统以维护数据。除此之外，企业对于网络安全协议的制定和使用也是不可或缺的，切实遵守相关的数据保护法律和法规，并实施持续的员工培训和知识更新。

如果发生任何供应链网络安全恶性事件，比如针对系统漏洞的攻击，企业必须有一个强有力的事件响应和风险管理策略，以及灾难恢复和业务中断计划，以确保他们能在最低程度的服务中断的情况下迅速恢复正常。

第五节 数字供应链孪生

知名技术研究和咨询公司 Gartner 在 2018 年首次创造了“数字供应链孪生（Digital Supply Chain Twin）”一词。从那以后，市场上对它的含义产生了很多不同的理解和争议。

一、数字供应链孪生究竟是什么？

要了解数字供应链孪生，首先要了解什么是数字孪生。数字孪生又称数字映射、数字分身、数位双生，是实体对象或流程的近实时虚拟表示。这个概念最初是由产品生命周期管理的思想领袖迈克尔·格里夫斯提出的。在制造业中，数字孪生通常用于对复杂资产建模，以了解它们随时间的变化行为，并改进资产维护和设计。通过使用传感器向模型提供实时数据，并应用先进的分析功能，工程师可以识别行为特征和趋势，以提高资产的整体性能。同样的方法可以在更大的范围内应用。例如，通过将其应用到多个资产，以建模一个完整的制造流程。

根据 Gartner 公司的定义，数字供应链是“实体供应链的数字表示，可以用来制定计划和做出决定”。

就像上面的解释和定义一样，数字供应链孪生可以帮助供应链领导者更有效地使用资源，并做出更符合公司目标的决策。

二、利用数字供应链孪生来改进战略网络设计决策

数字供应链孪生的一个常见应用是构建供应链网络的数字表示。这种数字表示作为一种模型，它考虑到以下几个问题：

（1）供应链网络中的所有不同组成部分（例如，产品、客户和配送中心）。

（2）它们之间的关系（例如，哪个设施负责生产哪个产品）。

（3）以及管理这些关系的规则和约束（例如，交货期、最大库存持有量、生产约束）。

它还应该包括强大的可视化功能，以帮助企业以直观的方式可视化这些组件、关系和约束。为了支持企业的供应链计划实践，企业可以使用场景建模和规定性分析增强这种数字表示。这允许企业测试不同的场景和条件假设或相关配置，并获得实现给定目标的建议，例如降低成本或提高服务水平。

三、识别供应链网络设计中节省的成本

假设你所在的企业已经在相关供应链网络中找到节约成本的机会，一旦你在数字孪生中建立了你当前的网络模型，你就可以：

（1）放松交通运输约束，来判断是否可以将客户分配到不同的服务地点，以优化成本。

（2）放宽分销中心的容量约束，看看是否可以在不同位置之间转移容量以节省成本。这也将揭示企业需要多少额外的产能来实现这些转变，以及是否值得进行资本支出投资。

（3）放松供应商和生产的约束，看看供应商和产量的变化是否带来了成本的改善。

（4）模拟不同的供应商问题以及对业务的影响。

（5）更改区域或基于类别的需求概况，并了解对供应链的影响。

四、非财务目标建模

同样的方法也适用于非财务目标。例如，如果可持续发展是你的企业的一个重要发展方向，那么企业同样可以使用数字供应链孪生模型，包括：

（1）搬迁生产地点将如何影响碳排放（例如减少运输 / 驾驶里程）。

（2）优先选择高性能和低碳产品的影响。

这样的网络设计决策在本质上通常是战略性的，不需要更多操作计划目的所需的详细级别。这使得供应链网络设计成为创建数字供应链孪生的一个非常有趣的起点。

五、网络优化：业务与成本的平衡

即使在非疫情时期，企业也可能遇到需求或供应方面的意外变化。如果他们的供应链网络没有准备好适应这些变化，供应链和整体业务表现就会受到影响。

通过数字孪生，企业可以评估需求和供应的某些变化将如何影响网络或供应链的物理位置和支持系统，他们利用这些物理位置和支持系统向最终客户交付产品和服务。这可以帮助企业确定设施和运输力是否在正确的地方，例如，有效地处理某种产品的销售激增或处理关键供应商的产品短缺；或者，如果企业正在推出一款新产品，需要向网络中添加节点。数字孪生还可以帮助建模应该添加哪些节点，以及在哪里将新产品推向市场。它甚至可以帮助你决定如何缩小你的供应链网络，找出哪些设施可以关闭而不会对业务产生负面影响，以应对需求放缓或降低网络成本的需要。

重要的是，数字孪生在帮助企业了解网络变化对客户服务的影响方面也很有价值——以一种仍然满足客户期望的方式平衡成本和服务水平；而且，它可以在帮助建模网络设计原则如何影响企业的碳足迹和二氧化碳排放方面发挥重要作用，以便在不影响成本和服务的情况下实现可持续发展目标。

六、流程优化：提高效率和生产率

在许多企业中，流程变得越来越复杂，因此效率更低、成本更高。数字孪生可以帮助企业深入了解关键流程，以了解瓶颈、时间、浪费和低效率在哪里阻碍了工作，并对特定目标改进干预措施的结果进行建模。这可能包括取消生产线上的某些步骤、调整产品配方以降低成本并提高产品的效用，或重新设计挑选和包装活动以最大限度地减少包装处理。其结果是更高的效率、生产率和资本利用率，以及更低的运营成本。

七、库存优化：以正确的成本将正确的商品放在正确的地方

对大多数企业来说，库存是一个永恒的挑战：弄清楚需要保留多少产品，储放在哪里——所有这些都能让企业以尽可能低的总成本最大化地提供客户服务。但是，计算和处理所有这些因素是一项复杂的工作，特别是对于那些拥有数十万个 SKU 和客户分布在许多地点和地理位置的企业。企业的需求变化越多，就需要更多的库存来满足所需的服务水平。

数字孪生在这方面的作用正越发突出，它可以使企业解决“单梯队”挑战（优化单个仓库的库存）以及“多梯队”挑战（优化整个网络的库存），考虑需求预测以改进补充政策，并根据需求修改库存水平以避免缺货，同时最大限度地降低总体成本。

数字孪生是一种强大的能力，可以使任何行业的任何供应链受益。它使企业能够建模

解决方案和优化，而不会对企业实际的、正常运行的供应链造成任何风险，并向前推进将确保结果的解决方案。

八、实践数字供应链孪生的意义和考虑

优秀的供应链参与者致力于实时的供应链执行。事实上，Gartner 的研究显示，60% 的首席供应链官（Chief Supply Chain Officer）一般被期望能做出更快、更明智、更准确的实时决策。与此同时，实时决策需要两件事：准确了解供应链在任何给定时刻发生了什么，并预见未来的各种情况。

在充满不确定性的全球化时代，数字孪生技术可以通过提高供应链的可见性、绩效等来实现以上这两个目标。根据麦肯锡（McKinsey，知名供应链咨询公司）的调查，数字孪生技术可以帮助企业提高高达 10% 的收入，将上市时间缩短 50%，并将产品质量提高 25%。

供应链流程的复杂性加上不断变化的市场条件，使得实时做出正确的决策变得异常困难。一个单一的决策不仅需要供应链部门收集和分析大量的数据，还需要知道如何比竞争对手更快更好地根据这些洞见采取行动。

这就给数字孪生技术提供了非常好的应用切入点。供应链中的数字孪生是对供应链绩效的一种极其详细的动态数字模拟。通过使用 AI 和先进分析法的分析，预计到 2024 年，一半的供应链公司将投资于推动这些技术的创新。数字孪生不仅可以反映所有供应链流程的当前状态，还可以根据无限多的因素和限制向你展示未来可能会是什么样子。

想象一下，如果企业拥有自己的 AI 界面或视窗，可以在任何级别上看到所有的流程，标记所有的风险和瓶颈，为企业提供实现目标的可行见解，允许企业运行任何数量的假设场景，而却不必冒在现实环境中犯下代价高昂的错误的风险。

更具体地说，对于供应链管理，数字孪生可以帮助分析风险、KPI、需求、库存水平、供应商和销售数据等，从而在任何情况下提出最佳行动方案。

需要强调的是，实施数字孪生技术通常需要几乎企业所有团队的参与，因为它应该涵盖所有基本的供应链管理流程。为了使企业避免过于匆忙或从众心态地在供应链管理中应用数字孪生，以下三条关于有效实施这项技术的建议，可以帮助企业在很大程度上做出理性判断和决策。

1. 从收集数据开始

在如今这样的大数据时代，数据可以称之为“新”的石油资源。这并不奇怪，因为数据是成功使用企业今天和将来要实现的任何技术的基础。

首先确定对供应链管理有贡献的关键流程，然后尽可能地收集所有相关数据。使用 ERP 系统在这里可能是最有用的建议之一，因为它允许企业以相同的制式收集数据并在一个位置进行访问。通常情况下企业所拥有的数据越多，数字孪生的分析和预测就越精准。

2. 明确首先想要改进的关键领域

数字孪生技术可以帮助企业管理更为广泛的领域，但是同时管理和跟踪所有的改进是相当耗时的，因此，比较合理的做法是从关注少数几个关键领域开始。这些领域因为对企业的供应链管理影响巨大，在优化时自然会给企业带来最大的效率和回报。

3. 保持系统紧密集成

为了能够产生准确的预测，数字孪生需要从高度连接的系统中收集和分析数据，例如，库存和需求计划。在引入任何技术（包括数字孪生）之前，尽量使用非技术的方式来改善企业的内在流程。

为了抵御任何类型的中断，对于供应链中的企业来说重要的是实时做出正确的决定，使用数字孪生技术能够突出潜在风险并给出基于数据的建议。

总体上来说，建立一个可以支持企业战略决策的供应链网络模型是企业实现最佳实践的一个很好开端。它可以做到满足企业当前的网络设计需求的同时，构建和投资适合企业管理思维和现实的数字孪生，将在未来把战略决策提高到一个新的水平。

如今，数字供应链在物联网、大数据、云计算、区块链、人工智能和虚拟现实和数字孪生的进步与协作的共同推动下，曾经静态的数字模型和数据已经被完全地立体化和实时化。对于变幻莫测的动态世界，供应链中管理者们和所有从业人员们可以以前所未有的、更加开放和多元的视角和见解来理解全球供应链市场的状态和机遇。这就是数字供应链赋予整个世界的新契机和新可能。

案例分析

油气企业的数字转型

2020年4月，国际主要交易所的石油现货价格跌至每桶25美元以下。两年后，由于需求激增、地缘政治动荡和供应链中断，油价升至100美元以上。该行业预计还将面临更多挑战。在短期内，企业需要在原料成本上升和人才短缺的背景下维持产出。与此同时，全球能源转型很可能导致未来几十年油气价值链上大量资产的关闭，而所有设施都面临着提高效率和减少直接碳排放的压力。

为了保持竞争力，油气公司正在努力转型运营，提高资产的可靠性和可用性，同时降低成本和碳排放。他们认识到，必须在所有这些领域实现重大转变、超越历史最佳实践的渐进式变化。

许多油气企业的CEO们正确地将数字化视为释放他们所寻求收益的关键。在过去的10年中，数据分析、AI和工业物联网(IoT)的进步帮助许多行业的参与者优化了复杂的流程，追踪难以捉摸的损失和效率低下的来源，更有效地应对波动、冲击和中断。

在早期成功的基础上，在大量投资的支持下，第四次工业革命技术的高速创新将继续下去。油气公司看到了大量快速成熟技术的应用机会，包括企业云计算、虚拟现实和增强现实、无人机和基于区块链的数据交换。

第四次工业革命指的是从 18 世纪工业革命开始后进入的第四个阶段，它被描述成各种科技的融合，而融合的过程因使得物理、数学和生物等领域科技之间界线难分，故统称为网宇实体系统。

然而，遗憾的是很少有石油和天然气公司能够大规模部署数字技术，从而对他们最重要的绩效指标进行有意义的改进。根据麦肯锡的研究显示，尽管几乎每家公司都在其业务的各个部分开展数字化项目，但其中 70% 的项目还没有进入试点阶段。

技术通常不是问题所在。其中许多试点项目非常成功，达到或超过了它们的技术目标。相反，数字转型之所以停滞不前，是由于以下原因中的一个或多个。

首先，技术和用例并不总是产生明确的价值。这可能是因为他们没有解决阻碍更好业绩的根本问题；或者可能是项目团队不能展示他们努力的底线影响。无论哪种方式，如果管理层不能在对他们重要的问题上看到改进，他们将不愿意投入广泛部署所需的资源。

其次，即使企业的管理者对数字化充满热情，这并不意味着员工也会如此。新技术要求员工发展新技能、采用新流程，并改变长期的工作惯例。除非这些员工普遍都得到了充足且有效的激励和支持，否则这不会发生。

最后，许多公司认为数字化是一系列独立的、孤立的项目。这在试验阶段是没问题的，此时与组织其他系统的集成不那么重要，新的和现有的方法可以并行运行。然而，为了在规模上取得成功，任何新的数字方法都必须与组织更广泛的 IT 和运营技术 (OT) 基础设施无缝集成。

为了克服这些障碍，油气公司的最高管理层正在从五个方面采取果断行动：

1. 进行数字转型时专注于价值创造

在成功的数字化转型中，创造价值永远是最重要的。油气公司的首席执行官们应该清楚他们希望解决的业务问题，以及他们希望通过数字化项目获得的结果。行业数字化先驱的经验表明，数字化和分析可以在整个油气价值链中产生重大影响。上游企业正在利用三个关键领域的影响——技术支持的勘探和钻井、端到端井和油藏管理以及基于条件的维护，产生额外价值。对于下游企业来说，端到端油气优化、可靠性卓越、供应链数字化、B2B 商业卓越和数字化 B2C 项目不仅可以节约成本，同时还提高了资产的可用性，提高了盈利能力。

数字方法也被证明是减少该行业碳足迹的最有效和最经济的方法之一。收益、能源和产量（Yield，Energy and Throughput，YET）优化技术在生产和炼油操作中帮助这些企业最大化它们消耗的每单位能源的产量。这不仅提高了盈利能力，同时减少了碳排放。对于一个典型的油气公司来说，单单能源效率措施就有可能将一级和二级碳排放减少 20% 左右，即使在考虑碳税的潜在成本之前，大多数能源效率杠杆的净现值都是正的。

2. 实施严格的系统，跟踪数字项目的底线影响

为了确保意识到数字投资的潜在价值，企业通过建立项目跟踪机制来了解和掌控每个项目的进展和底线影响。任何此类机制的基础包括对组织当前性能基准的清晰理解、强大的 KPI 和支持快速、基于事实的决策的可视化工具。

例如一家西亚地区的国有石油公司通过严格关注价值创造，在整个业务领域进行了大规模的数字化转型。该公司评估了数十个数字用例，只对那些通过明确财务门槛的案例采取行动。它还专门成立了一个数字转型办公室，跟踪项目从试点开始到大规模实施的进展，在每个阶段将取得的可盈利影响与原定目标进行比较。

该公司的许多最具影响力的数字项目都涉及在其设施中应用 YET 优化技术。例如，在下属的一家炼油厂和石化厂，该公司实施了一套人工智能系统，实时预测最佳运行条件。通过优化炉管出口温度、吸气压力和蒸汽速度等多种因素，该系统帮助工厂最大限度地提高了高价值产品的产量，从而使焦炭产量减少了约 2% 至 4%，这使得每桶总利润率提高了 10 美分至 20 美分。总的来说，先进分析方法的应用在短短 18 个月内为公司创造了超过 2 亿到 3 亿美元的额外价值。

3. 实施大规模的文化转型和变革管理计划

即使是最先进的技术本身也不是万能的。价值是工具和操作工具的人的结合，先进的解决方案会经常失败，并不是因为它们产生了错误的结果，而是因为工作人员不理解或不信任而造成的。这就是为什么成功的数字转型采取以人为本的方法。

以另一家东亚地区的石油和天然气公司为例，它的数字化转型专注于转变整个组织中人们的思维方式，并开发新的能力来支持长期可持续的变化。

该公司专门配备了数字专家，对一线团队进行敏捷工作方法和新数字工具使用方面的培训，然后在各业务部门举办了数十场“黑客松”（Hackathons），以确定潜在的数字用例。它雇用了在软件开发和数据分析方面有专长的新人员，还建立了一个卓越数字中心，以开发和部署黑客马拉松中出现的最有前途的想法。

黑客松又称编程马拉松，是一种活动。在该类活动当中，电脑程序员以及其他与软件发展相关的人员，如图形设计师、界面设计师与项目经理一起以紧密合作的形式去进行某项软件项目。编程马拉松的灵魂是合作编写程序和应用，其时长一般在几天到一周不等。编程马拉松不是编写那些一次性作品那么简单，其精髓在于：很多人在一段特定的时间内，聚集在一起以他们想要的方式，去做他们想做的事情——整个编程的过程几乎没有任何限制或者方向。

为了鼓励员工采用新工具，该公司重新设计了相关流程和治理系统。最高管理层孜孜不倦地宣传数字化转型的重要性，并在新工作方式方面树立明显的榜样。在最初的三年里，

数字化转型为公司创造了超过1.5亿美元的新价值。

这家公司数字化转型成功的关键在于，其领导者明白，改变员工的思维模式和行为需要多管齐下的方法。

数十年对组织变革管理的研究表明，影响模型的四个要素可以决定新的工作方式是被采用还是被放弃：

（1）从CEO开始进行管理层的角色建模。

（2）传达一个引人注目的变化（或趋势）的出现，并庆祝任何相关的进展。

（3）结构化的能力建设，包括使用游戏、竞赛和行为激励来鼓励参与。

（4）流程和KPI的正式更改。

单独应用这些元素可以提高数字转型在组织内部坚持贯彻下去的机会。根据统计，应用以上所有四种方法的企业实现数字转型目标的可能性是其他公司的约8倍。

4. 调整激励机制，鼓励大规模采用数字优先的做法

能力建设、支持和领导角色建模是使人们能够采用新的数字工具和工作方式的强有力方法，但激励也很重要。如果企业想要让新的工作方式和行为保持下去，他们需要确保员工有动力保持这些行为。

这些激励措施可以采取不同的形式。例如，企业可以将每个员工的数字实践评估纳入年度评估；可以将财务奖励与数字项目的底线影响联系起来。

然而，许多CEO明白，非金钱激励可能同样重要。例如，公众对数字成功故事的认可是奖励项目参与者的一种很好的方式，同时也是帮助其他团队理解新方法的驱动力。

一些组织还使用游戏化技术来吸引员工，并通过友好的竞争提高绩效。例如，一家能源公司开发了一个应用程序，加强一线运营商对新做法的采用。该应用程序为团队成员提供每日测试，并跟踪他们的日常表现和对新的数字操作程序的遵守情况，允许团队成员通过实时排行榜来比较他们的表现。团队领导可以使用该应用程序的数据公开奖励表现优异的团队成员，并为落后的团队成员提供有针对性的指导和支持。

5. 构建一个集成的、全面的IT/OT策略

大多数油气公司的技术基础设施都是复杂而分散的。组织使用IT和OT系统，并且它们的业务关键数据分布在这些系统中。这些数据可能难以访问、难以解释，而且质量不稳定。对于数字化转型来说，这些都是不稳固的基础，这就是为什么成功的组织通过对底层基础设施的全面检修来支持他们的一线数字化计划。

例如，一家南美国家石油公司制定了一份为期三年的技术路线图，旨在支持40多个数字用例的部署，并释放超过1.75亿美元的新价值。该公司升级了它的IT和OT架构，以支持它想要使用的系统和软件。它还开发了一种新的集成数据管理方法，为数据获取、存储和质量保证建立了通用策略。此外，它还升级了整个组织的网络安全政策和系统。

改进公司的技术骨干和数据架构涉及IT和工程部门的大量工作，但这不是他们一个人的工作。一个有效的技术基础设施必须设计以满足业务的战略目标，同时也支持所有员工的战术和日常活动。要做到这一点，需要技术专家和业务利益相关者（从首席执行官开始往下）之间的密切合作，不仅包括IT/OT基础设施，还包括数据管理和网络安全。

数字技术已经证明了其在石油和天然气领域的潜力，领先的企业已经利用数字化来削减成本、提高产出和提高端到端价值链的效率。现在，不仅是油气行业的企业，更多产业链中的企业如果想要迈出下一步，需要开始考虑将技术支持的运营嵌入日常业务的每个部分。要做到这一点，这就需要提升所有员工的专业性能力和组织的信息基础设施设计，同时继续专注于确保他们的数字努力产生真正的价值。

案例思考：分析数字化转型对于油气企业最根本的改变在哪些方面？这些改变需要的投入的与之对应的产出对于这类企业而言是否可持续，为什么？

案例实践

人工智能

当供应链中断占主导地位：加强供应链的需求日益增长时，AI等新兴技术就变得至关重要。从预测到配送再到管理，AI正在为供应链运营提供动力、提高效率。

麦肯锡的一份报告显示，自2000年以来，全球商品贸易额增长了两倍，达到每年10万亿美元以上。世界各地的公司都渴望一个精心设计的精益人工智能模型来管理库存水平、减少交货时间，并确保随时交货。

今天，AI正在帮助现代组织以“光速”改变他们的供应链。

1. 物流和运输领域

车队管理和优化是AI在供应链中最被低估的应用，车队经理放大了消费者和供应商之间的关键联系，因此，他们要对畅通无阻的商流负责。

随着燃料成本的增加和资源的短缺，车队经理经常会遇到数据过载的问题。如果企业不能有效地收集和分析数据，它们就有可能迅速被低效率所淹没。

利用强大的多维分析，减少车队的计划外停顿时间，提高燃油效率，检测和消除瓶颈。

AI在这种情况下进行干预，以确保所有活动的效率。在预测分析的帮助下，它可以评估卡车的周转时间和车辆的特殊需求。研究历史需求模式，并在统计技术的帮助下，预测每条路线的卡车需求。利用强大的多维分析，减少车队的计划外停顿时间，提高燃油效率，检测和消除瓶颈。

2. 供应商风险评估

利用AI驱动的供应商风险管理，将资源从评估供应商绩效的单调和非生产性任务中解放出来，集成智能解决方案，以获得 360° 的供应商视图，并完整地洞察供应商性能因素。

企业可以根据其风险评估基础设施构建基于 AI 和基于机器语言（Machine Language，ML）的模型。该模型可以全天候地从各种来源（如社交、新闻、媒体等）的实时数据中提取更深入的见解，以涵盖尽可能多的类别。

使用基于数据科学的技术，AI 可以运行降噪；基于相关性的归一化，以提供可操作的见解。从海量大数据中选取最相关、最有意义的数据，为供应商计算出风险评分 / 指数。这些风险评分提醒组织任何潜在的供应商故障。

3. 需求预测与库存管理

根据一项调查，90% 的受访者认为，到 2025 年，AI 将使供应链变得更好。AI 和 ML 框架应用于需求预测时，可以对未来需求进行准确预测。

例如，在销售渠道上精确预测产品寿命的下降和结束，同时引入新产品的市场增长是很容易实现的。深度学习同时破译线性和非线性依赖关系，使需求预测更加科学和准确。

同样，在供应链预测中，AI 和 ML 确保材料清单和 PO 数据是结构化的，并按时进行准确的扣减。现场作业人员利用这些数据来推动作业，并保持满足当前需求所需的阈值水平。

保持最佳库存水平是供应链组织面临的最大挑战之一，AI 和机器学习框架致力于维持这一水平，同时为企业创造创收途径。

4. 仓库自动化

AI 就是这样一种技术，它与其他新兴技术无缝集成，以实现流程现代化和更好的仓库操作。计算机视觉有助于装卸自动化，通过减少单独搬运来降低搬运成本和损坏。

AI 系统将使用历史数据进行优化，并发现提高库存管理和配送效率的机会。利用收集到的数据，AI 将预测准确的需求，最终实现操作和工作流程的自动化。

大多数情况下，这只是 AI 的部分集成，仍然需要人类的专业知识来监督和监控整个系统，可能用于错误检测和预防措施的应用。如果收集了大量的数据，那么就有很大的机会开发出高性能的算法。更高的成本节约和效率提高是大有可能的，特别是如果集成技术导致更高的性能。

AI 正在为供应链带来突破性的变革，其目的旨在帮助企业实现卓越运营。这项技术可以对供应链和物流行业产生全面的影响。通过与其他新兴技术集成，企业或许可以实现并引领技术层面的高度创新和变革。

尝试和你的团队成员一起进行如下实践活动：

针对上述案例中关于 AI 在供应链中的具体作用和应用，以国内某快递企业和某电子产品生产商为例，从上述四个方面对两者的 AI 战略和供应链管理策略作出对比分析，并将以上问题的分析汇总成一份商业研究报告。

思考练习题

1. 名词解释

①数字供应链

②物联网

③人工智能

④大数据分析

2. 区块链

①实行数字化供应链的好处包括（　　）

A. 透明性　　B. 灵活性

C. 效率　　D. 敏捷性

②数字化供应链的网络安全风险主要来自（　　）

A. 供应商依赖　　B. 企业安全意识不够

C. 企业规模过大　　D. 供应商审查缺失

③在企业利用数字供应链孪生来改进战略网络设计决策时，需要考虑（　　）

A. 员工参与比例尽可能降低

B. 供应链网络中的产品、客户和配送中心等

C. 设施负责生产的产品分工

D. 交货期、最大库存持有量等关系间的规则和约束

④在数字供应链孪生的非财务目标建模过程中，需要考虑（　　）

A. 目标层级的划设　　B. 搬迁生产地点将如何影响碳排放

C. 基于企业战略重点等角度出发　　D. 优先选择高性能和低碳产品的影响

3. 论述题

①试分析制造型企业和服务型企业在尝试数字化供应链过程中的不同考量和实施重点。

②基于数字化供应链能够给予企业带来的优点，尝试分析国内快递企业在这方面可以进行的改进和变化。

③根据本章中提到的实施数字供应链孪生的技术建议，从供应链分销商角度如何看待自己在这个过程中的角色和作用。

参考文献

［1］宫迅伟 . 如何专业做采购［M］. 北京：机械工业出版社，2015.

［2］肯尼斯 · 莱桑斯，布莱恩 · 法林顿 . 采购与供应链管理［M］. 北京：电子工业出版社，2014.

［3］刘宝红 . 采购与供应链管理：一个实践者的角度［M］. 北京：机械工业出版社，2012.

［4］曲沛力 . 采购与供应管理：有效执行五步法［M］. 北京：机械工业出版社，2016.

［5］Brown D, et al. The Black Book of Outsourcing: How to Manage the Changes, Challenges, and Opportunities［M］. New York: John Wiley & Sons, 2005.

［6］Burt D, et al. World Class Supply Management: The Key to Supply Chain Management［M］. McGraw- Hill, 2003.

［7］Cavinato J, et al. The Purchasing Handbook: A Guide for the Purchasing and Supply Professional［M］. McGraw-Hill, 2000.

［8］Donald W. Global Logistics and Distribution Planning: Strategies and Management［M］. Kogan Page Limited, 2003.

［9］Kevin L. Collaborative Logistics Networks-breaking Traditional Performance Barriers for Shippers and Carriers［EB/OL］. http://www.nistevo.com, White Papers，2000.

［10］Leenders M, et al. Purchasing & Supply Management［M］. McGraw- Hill, 2002.

［11］Mayer D. Business Leasing for Dummies［M］. Hungry Minds, Inc., 2001.

［12］Nevitt P, et al. Equipment Leasing［M］. New Hope: Frank J, Fabozzi Assoc., 2000.

［13］Ostring P. Profit-Focused Supplier Management: How to Identify Risks and Recognize Opportunities［M］. AMACOM, 2004.